AF308469

Für Kristin und Matheo

Andreas Buske

Der Rabe Konradin
erklärt den Menschen

Lektorat: Priska Schorlemmer (Die Sprachkiste, Mannheim)
Covergestaltung und Illustration: Huyen-Trang Ngo
Schriftart: Corbel
Herstellung und Verlag: BoD – Books on Demand, Norderstedt
ISBN 978-3-7448-9266-7

Vorwort

„Was zeichnet einen Menschen aus? Wie funktioniert sein Zusammenleben? Warum sammeln die Menschen nicht nur Nahrung? Wer bestimmt bei den Menschen? Woran glauben Menschen?" Dies sind Fragen, die der junge Rabe Jannis seinem Vater Konradin stellt.

Aus Sicht Konradins, eines im Tierreich anerkannten Experten der menschlichen Gattung, werden im Buch beim Beantworten dieser Fragen zunächst grundlegende Begriffe, Modelle und Theorien der menschlichen Psychologie und Soziologie erklärt. Die menschlichen Organisationsfähigkeiten werden in den beiden mittleren Kapiteln am Beispiel der Wirtschaft und Politik konkretisiert. In Kapitel 5 werden verbreitete Vorstellungen der Menschen vom *guten Leben* anhand verschiedener Weltanschauungen beschrieben und anhand der Erkenntnisse der Glücksforschung zusammengefasst. Das Buch schließt mit Überlegungen dazu, was Menschen von Raben lernen können. Spannende Themen, nicht nur für Rabenkinder!

Die Form der Fabel wurde von mir bewusst gewählt, um den Leser auf eine mehrtägige Entdeckungsreise über den Menschen aus der Vogelperspektive mitzunehmen.

Mein Philosophie-, Politik- und Wirtschaftsstudium, meine Team- und Führungserfahrung und meine Reiseerlebnisse rund um den Globus lieferten mir das Fundament für die Fabel.

Geprägt von meiner ursprünglich technischen Ausbildung als Ingenieur, geht es mir bei den verwendeten Modellen vorrangig um Anschaulichkeit. Sie sollen den Einstieg in die interdisziplinären Themen erleichtern und veranschaulichen, wie vernetzt die einzelnen Disziplinen sind.

Persönliche Zufriedenheit und gemeinschaftlicher Frieden basieren auf dem Austausch von Wissen, eigenen Erfahrungen und der Fähigkeit zur Kooperation.

Ich wünsche mir, dass es der Fabel gelingt, das spannende, nicht immer spannungsfreie Verhältnis von individuellen und kollektiven Zielvorstellungen zu illustrieren. Sie soll dem Leser den Einstieg ermöglichen, sich intensiver mit den Themen zu beschäftigen und die – aus der Vogelperspektive – beschriebenen Sichtweisen mithilfe der eigenen Erkenntnisse zu reflektieren.

Großer Dank gebührt meinen zahlreichen Lehrern und Wegbegleitern, meinem inspirierenden Umfeld und meinen Mitmenschen, die Vertrauen in mich haben: meiner Frau Dr. Kristin Buske, meiner und ihrer Familie, meiner Pfadfinderclique, meinem Abi-Jahrgang sowie meinen Kommilitonen und Dozenten in Karlsruhe, Essen und München, außerdem den Mitgliedern von Round Table Weinheim und der Wirtschaftsgilde.

Stellvertretend für die Gilde sei an dieser Stelle ihr ehemaliger Vorstandsvorsitzender Hans Füller erwähnt – für sein immerzu ermutigendes Feedback. Mit Freude erinnere ich mich an die Kaminabende mit ihm, Brigitte Volz, René Kürschner und meiner Frau zurück.

Ich danke vielen Kollegen, allen voran meinen langjährigen Vorgesetzten Volker Jann und Ralph Rischmüller und Thomas Jäger – einem exzellenten Immobilienmanager –, dem ich, neben meiner Frau, den freien Kopf für dieses Buch zu verdanken habe.

Auf der Zielgeraden haben mich Sabrina Birkle und Felix Hornig intensiv auf Verständnisschwierigkeiten aufmerksam gemacht.

Sie alle haben mir auf ihre Art ermöglicht, dieses Buch zu schreiben, und viele von ihnen haben mir während seiner Entstehung regelmäßiges Feedback gegeben.

Damit aus einem Konzept ein Werk wird, bedarf es auch der Mithilfe von Profis. Huyen-Trang Ngo hat das fabelhafte Cover entwickelt und die Abbildungen im Buch und auf der dazugehörenden Homepage www.fabelosophie.de visualisiert. Dr. Constanze Adolf und Prof. Dr. Andreas Peichl haben mir die entsprechenden Kapitel 3 und 4 fachlich kommentiert. Priska Schorlemmer (Die Sprachkiste, Mannheim) hat die Fabel lektoriert und dabei für eine leicht verständliche Sprache gesorgt. Auch ihnen gilt mein großer Dank, genauso wie Christopher Schmitt für die intensive Beratung und Unterstützung hinsichtlich Gestaltung und Produktion.

Andreas Buske   Weinheim im Juli 2017

Inhaltsverzeichnis

Der Rabe Konradin wohnt in einer wohlhabenden Gegend mit einem schönen großen Park. Hier findet er ausreichend Nahrung. Je nach Jahreszeit liebt er Nüsse, Früchte, Pflanzensamen, saftige Regenwürmer, Eidechsen, Mäuse und wohlschmeckende Borkenkäfer.

Raben sind sehr intelligente Tiere und Konradin ist ein ganz besonders kluger und weiser Artgenosse seiner Gattung. Aufgrund seiner Beobachtungsgabe, seiner Erfahrung und seines Weitblicks wird er von den anderen Raben sehr geschätzt.

Mit seinen scharfen Augen beobachtet Konradin besonders gerne Menschen. Sie sind in ihrem Verhalten ungleich vielfältiger als die Eichhörnchen oder die meist nur nachtaktiven Igel im Park. Menschen lassen sich zudem gut beobachten, weil sie sich von Raben in ihrem Verhalten nicht gestört fühlen und diese kaum beachten. Sie sind ohne ihre diversen Hilfsmittel recht langsam unterwegs, sodass Raben ihnen in der Luft leicht folgen können, und es gibt auf der ganzen Welt sehr viele Menschen, weswegen sie sich hervorragend für Vergleichsstudien eignen. Konradin ist hierzu, als er noch keine eigene Familie gegründet hatte, viel gereist und konnte dadurch die Menschen an sehr unterschiedlichen Orten beobachten.[1]

Konradins Sohn heißt Jannis und kommt so langsam in das jugendliche Rabenalter. Er möchte nicht mehr nur spielen, sondern auch erklärt bekommen, was er auf seinen Flügen und ersten längeren Reisen sieht. Am meisten interessieren auch Jannis die Menschen, weil sie auf der Erde so weitverbreitet sind und so viel Fläche beanspruchen. Deswegen bittet er seinen Vater Konradin, ihm von den Menschen zu erzählen.

„Was möchtest du denn über die Menschen wissen?", fragt Konradin seinen Sohn.

„Als Erstes möchte ich wissen, Papa, was einen Menschen als Menschen auszeichnet, was das Besondere an ihm ist und wie sein Zusammenleben funktioniert", sagt Jannis. „Auch verstehe ich nicht, warum die Menschen so viel von all den Gegenständen haben, mit denen sie sich fortbewegen und sich kleiden oder die sie in ihre Behausungen schleppen. Brauchen sie diese wirklich alle? Oder sind sie planlos wie die Eichhörnchen, die sicherheitshalber überall Nüsse verstecken, in der Hoffnung, im Winter einen Teil davon wiederzufinden? Außerdem möchte ich wissen, warum sich die Menschen so unterschiedlich verhalten. Ich konnte bei uns im Park beobachten, wie sich Menschen gegenseitig zärtlich umarmen, aber genauso Menschen, die sich streiten und sogar gegenseitig verletzen. Und ich will wissen, warum manche Menschen glücklicher wirken als andere und ob es etwas gibt, das ich von ihnen lernen kann."

„Hui, das sind aber ziemlich viele Fragen", stöhnt Konradin. „Ich finde es toll, dass du so neugierig auf die Menschen bist und mache dir einen Vorschlag. Ich beantworte dir von heute Abend an jeden Abend vor dem Schlafen eine Frage und dann hast du tagsüber genügend Zeit, meine Erklärungen durch eigene Beobachtungen nachzuvollziehen."

Jannis schlägt vor Freude mit den Flügeln: „Einverstanden! Dann lass uns aber auch gleich loslegen. Ich bin so gespannt."

Anmerkung seitens des Autors: Die Raben wählen in ihren Dialogen häufig die männliche Form; ihre Aussagen beziehen sich auf Angehörige beider Geschlechter.

Kapitel 1

Was zeichnet einen Menschen aus?

„Sind Menschen komplett anders als wir Raben?", will Jannis wissen. Konradin senkt den Kopf zu ihm und beginnt von seinen Erfahrungen zu berichten: „Ich denke nicht, Jannis. Ich habe den Eindruck, dass alle Lebewesen auf der Erde viele Gemeinsamkeiten haben. Die meisten Lebewesen brauchen Sauerstoff zum Atmen und gehaltvolle Nahrung und sie müssen sich zumindest einmal am Tag für längere Zeit ausruhen – die Menschen nennen das Schlaf. Was diese *grundlegenden Bedürfnisse* betrifft, unterscheiden sich Menschen kaum von uns oder anderen Lebewesen. Und schließlich müssen alle Lebewesen eines Tages sterben. Die Menschen genauso wie wir Raben."

„Das heißt, die Unterschiede liegen nur im Detail, Papa?", fragt Jannis und präzisiert: „Beispielsweise, dass Menschen andere Dinge essen – ich habe bislang nur Menschen*kinder* Regenwürmer essen sehen – und dass sie nicht auf den Bäumen schlafen können so wie wir?"

Konradin nickt zustimmend: „Genauso ist es, Jannis. Menschen essen keine Regenwürmer. Wenn Menschenkinder sie bei uns im Park probieren und ihre Eltern das mitbekommen, werden sie ihnen sofort weggerissen. Sie scheinen sie nicht zu vertragen. Halten wir noch einmal fest: Die grundlegenden Bedürfnisse nach fester und flüssiger Nahrung, Sauerstoff und Ruhe sind bei den

Menschen die gleichen wie bei uns Raben und den meisten anderen Lebewesen.

Ich würde sogar noch weiter gehen und sagen, dass sich ihr *Bedürfnis nach Sicherheit*[2] und ihr *Bedürfnis nach Zugehörigkeit und Liebe*[3] kaum von unseren Bedürfnissen unterscheiden."

Beipflichtend krächzt Jannis: „Papa, dass auch Menschen sich lieb haben können, habe ich auch schon beobachtet. Sie sind für mich Rudeltiere wie die Wölfe, die ich auf unseren gemeinsamen Ausflügen[1] Richtung Nordosten beobachten konnte. Manche Menschen verbringen wie Schmetterlinge den ganzen Tag miteinander. Die erwachsenen Menschen kümmern sich meistens ganz toll um ihre Kinder und in vielen Familien scheinen sich die Mütter und Väter sehr zu mögen." „Nur, dass sie nicht so treu sind wie wir Raben", hakt Konradin schmunzelnd ein: „Die Partnerschaften der Menschen zerbrechen hier in der Region häufiger. Über die Ursachen kann ich aber nur mutmaßen. Hier kannst du mich bei der Erforschung mit deinen Beobachtungen zukünftig unterstützen."

Der kleine Rabe nickt begeistert: „Das mache ich gerne Papa!" Und fährt fort: „Ich kann mir nur schwer vorstellen, warum Menschen ein *Bedürfnis nach Sicherheit* haben." Und fragt vorsichtig nach: „Menschen haben doch keine Angst vor Katzen?" „Das ist richtig, zumindest nicht vor den Katzen hier in Europa", antwortet ihm Konradin. „Auf anderen Kontinenten, wo es wesentlich größere Wildkatzen gibt, sieht die Sache schon wieder ganz anders aus. Vor denen haben die Menschen auch Angst, denn diese können genauso Menschen töten und verspeisen wie die hier lebenden Katzen uns Raben. Die Menschen haben mehr Angst vor Hunden und Schlangen. Letzteres wäre eher für Raben plausibel; schließlich fressen Schlangen gerne Vögel. Warum Menschen bei ihrem Anblick panisch werden, habe ich bislang noch nicht herausfinden können." Jannis kann die Verwunderung seines Vaters nachvollziehen: „Du hast recht, Papa! Ich habe bislang noch nie eine Schlange einen Menschen fressen sehen." „Verhältnismäßig viele Menschen scheinen sich auch vor sehr kleinen Lebewesen zu fürchten", fährt Konradin fort, „beispielsweise vor Spinnen. Hier bin ich ebenfalls noch nicht ganz schlau bezüglich der Ursachen geworden, wo doch Spinnen so lecker schmecken können. Aber daran siehst du, dass auch Menschen ein Bedürfnis nach Sicherheit haben. Noch deutlicher wird das, wenn du auf deinen Rundflügen einmal darauf achtest, wie sie ihre Behausungen verschließen und dass sie allein in Dunkelheit oft sehr angespannt wirken, selbst in großen Städten, wo sie ja wirklich kaum allein sind.

Ich vermute, dass sie sich auch vor ihren Artgenossen fürchten, denn hin und wieder sieht man, wie sie sich gegenseitig verletzen und sogar töten. Du hast ja neulich mit eigenen Augen den Streit zwischen zwei erwachsenen Menschen im Park eskalieren sehen, bei dem ein Mann einem anderen mit seiner Faust ins Gesicht geschlagen hat. Nach meinen Beobachtungen gibt es bei der zwischenmenschlichen Gewalt auch erhebliche regionale Unterschiede."

Jannis hat aufmerksam zugehört: „O.K. Ich versuche es mir zu merken: Menschen haben Angst vor bestimmten

Lebewesen, vor Dunkelheit und teilweise vor anderen Menschen. Alles in allem doch einiges; hätte ich nicht erwartet. Wovor haben die Menschen sonst noch Angst, Papa?", fragt Jannis.

Der weise Rabe krächzt: „Vor ziemlich vielem: Hunger und Durst, Vereinsamung und Ausgrenzung, davor, die persönlichen Ziele nicht zu erreichen, und vor vielem mehr.
Die Angst davor, etwas nicht zu bekommen, kann beim Menschen bei fast allen Bedürfnissen beobachtet werden.
Bleiben wir aber noch kurz bei dem Bedürfnis nach Sicherheit. Viele Menschen haben auch Angst vor Krankheiten und Verletzungen, mein Sohn." Jannis schüttelt ungläubig den Kopf: „Wie kommst du darauf, Papa? Für mich wirken die Menschen alles andere als schreckhaft. Außerdem habe ich noch nie einen Menschen gegen die durchsichtigen Barrieren an ihren Behausungen stoßen und dadurch sterben sehen, wohl aber schon einige Artgenossen."
Konradin holt erst einmal tief Luft, bevor er fortfährt: „Menschen laufen hin und wieder auch gegen diese Barrieren, die sie übrigens Fensterscheiben nennen. Wenn du die Menschen nur geduldig genug beobachtest, wirst du entsprechende Situationen sehen. Ich gebe dir jedoch recht: Im Gegensatz zu uns sind die Verletzungen, die sie davontragen, verhältnismäßig gering. Und Menschenkinder weinen manchmal auch nur, wenn sie sich sicher sind, dass sie dabei von ihren Eltern beobachtet werden. Sie wollen dann Trost gespendet bekommen.

Schau dir aber nur an, wie die erwachsenen Menschen ihre Kinder bei uns im Park mit den bunten Helmen schützen, damit sie sich nicht verletzten, wenn sie von ihren zweirädrigen Fortbewegungsmitteln fallen. Oder schau dir an, wie dick sie sich im Winter anziehen, damit sie nicht frieren!" Das sind Beobachtungen, die den kleinen Raben überzeugen: „Ja, Papa. Nicht nur die kleinen Kinder tragen Helme, wenn sie mit ihren zweirädrigen Fortbewegungsmitteln unterwegs sind, sondern auch die Erwachsenen. Ich wusste nicht, dass das ihrem Schutz dient. So eine robuste Kopfbedeckung sollten wir Raben uns wegen der Fensterscheiben auch zulegen!"

Konradin muss laut lachen, bevor er fortfahren kann: „Und achte einmal ganz genau darauf, Jannis, wie viele Pillen sie tagtäglich schlucken! Meine Vermutung lautet, dass sie sie nehmen, um nicht krank zu werden. Nahrung können sie nicht sein; dazu sind sie viel zu klein.

Wir Raben sind robuster. Wir brauchen keine zusätzlichen Schichten zum Einkleiden, wenn es kalt ist und können alles essen, auch wenn es schon länger offen herumlag. Wenn du die Menschen genau beobachtest, siehst du, dass sie ihre Nahrungsmittel meist waschen und häufig sogar warm machen."

Jannis nickt eifrig und Konradin fährt fort: „Auf meinen Reisen konnte ich beobachten, dass die Menschen auch vor der Natur Angst haben können. Wenn es blitzt und stürmt, eilen die Menschen meist in ihre Behausungen. An manchen Orten bebt ab und zu die Erde und dann ist es genau umgekehrt wie beim Gewitter: Dann rennen die Menschen schnell aus ihren Behausungen heraus ins Freie, da sie einstürzen und die Menschen töten können.

Die meisten Menschen scheinen das mit der elastischen Bauweise, die wir seit Generationen bei unserem Nestbau berücksichtigen, noch nicht herausgefunden zu haben.

Komm mal mit, Jannis! Dann zeige ich dir noch eine weitere brenzlige Situation für menschliche Wesen."

Jannis folgt seinem Vater und fliegt mit ihm aus ihrem Nest im großen – zu dieser Jahreszeit herrlich nach frischem Gras duftenden – Park an den nahe gelegenen Fluss.

„Hast du beobachtet, wie schnell der Fluss wegen des vielen Regens in den vergangenen Tagen angestiegen ist?", fragt ihn sein Vater. „Ja, Papa. Die Wiesen hier waren heute Morgen noch nicht mit Flusswasser bedeckt; der Fluss scheint ziemlich schnell zu steigen."

„Schau mal, Jannis, die ersten Menschen beginnen gerade damit, Sandsäcke vor ihre Behausungen zu transportieren, um das Wasser damit zurückzuhalten. Sie haben Angst, dass der Fluss in ihre Behausungen eindringt, ihre ganzen gesammelten Gegenstände zerstört und sie selbst dann schwimmen müssen. Das halten sie nämlich, anders als Fische, nicht so lange durch."

„Wenn die Menschen weder fliegen noch schwimmen können, dann verstehe ich nicht, warum sie ihre Behausungen so nah ans Wasser bauen", krächzt Jannis.

„Eine gute Frage, Jannis, die mit deiner Frage zusammenhängt, warum die Menschen so viel Platz benötigen.

Ich habe dir dies in der Vergangenheit vor allem damit erklärt, dass sie einerseits sehr viel Platz für Getreideanbau und als Weideflächen für ihre Nutztiere benötigen, da sie so furchtbar viel essen. Zum anderen brauchen sie Platz für ihre Fortbewegung am Boden, da sie ja nicht fliegen können, um dies wettzumachen.

Beides erklärt, warum die Menschen so viel Platz verbrauchen und auch an gefährlichen Orten wohnen. Es gibt nicht genügend Platz an ungefährlichen Orten für sie. Dazu kommt, dass gefährliche Orte wie Flussufer und Vulkane aber auch besonders fruchtbar zu sein scheinen.

Menschen sind aber auch sehr lernfähig und können durchaus mit den Gefahren umgehen. Sie sind ausgezeichnete Baumeister und können dadurch nahe am Fluss bauen, weil sie sich mit Erdwällen schützen. Aber diese Erdwälle halten nicht immer stand und dann müssen sie sich mit Sandsäcken Schutzmauern vor den Fluten bauen. Manchmal verschätzen sie sich einfach; das kann uns Raben ja auch mal passieren. Und an Orten, wo das Wasser häufig kommt, bauen die Menschen beispielsweise ihre Behausungen auf Stelzen."

Jannis strahlt: „Oh, ich beginne zu verstehen, warum die menschlichen Nester nicht überall gleich aussehen. Wie sieht es mit den weiteren Bedürfnissen aus, Papa?"

„Du hast sehr gut aufgepasst, da gibt es noch zwei. Bevor wir aber zu den beiden letzten Bedürfnissen nach Selbstwert und Selbstverwirklichung kommen, lass mich dir

Bedürfnis nach Zugehörigkeit und Liebe

noch ein paar Worte zu dem *Bedürfnis nach Zugehörigkeit und Liebe* sagen, Jannis. Auch wenn du erwähnt hattest, dass dir dies aufgrund deiner Beobachtungen plausibel erscheint.

Wie du noch beobachten wirst, ist Zugehörigkeit und Liebe bei den Menschen ein sehr wichtiges Bedürfnis für ihr Wohlbefinden. Wenn die Menscheneltern hier ihren Kindern nicht von Geburt an in ausreichendem Maße das Gefühl von Liebe und Geborgenheit vermitteln, haben sie es in ihrem weiteren Leben ungleich schwerer. Ein menschliches Sprichwort lautet, dass nur die Geliebten selbst zu Liebenden werden können."

Jannis klatscht mit den Flügeln: „Das Sprichwort gefällt mir. Sind Zugehörigkeit und Liebe nicht bei allen anderen Lebewesen genauso wichtig, Papa? Viele Tierkinder überleben nicht, wenn ihre Eltern sie nicht haben wollen und sich nicht um sie kümmern." Dem muss Konradin zustimmen: „Recht hast du, mein Sohn. Dein Beispiel zeigt eindrucksvoll die frühkindliche Bedeutung der Eltern für das Wohlbefinden ihrer Nachkommen. Dies gilt genauso für die Menschen. Und mit zunehmendem Alter entwickeln die Menschen auch außerhalb ihrer Familie ein Zugehörigkeitsgefühl. Ich bin jedes Mal beeindruckt, wie sehr sie sich mit ihren jeweiligen Gruppen identifizieren können. Und wie viel Angst sie andererseits vor Einsamkeit und Trennung haben.

Bedürfnis nach
Selbstwert

Wenn wir uns heute im Detail anschauen, wie der Mensch funktioniert, kann ich dir am Beispiel der menschlichen Behausungen und ihrem Platzbedarf noch die beiden übrigen menschlichen *Bedürfnisse nach Selbstwert*[4] und Selbstverwirklichung erklären.

Beginnen wir mit dem Selbstwert. Damit ist einerseits gemeint, dass sich die Menschen selbst achten. Selbstachtung stellt sich ein, wenn Menschen das Gefühl haben, ihre Ziele erreichen zu können, und wenn sie sich für kompetent und unabhängig halten.[5] Da der Mensch ein geselliges Lebewesen ist, resultiert sein Selbstwert andererseits aber auch aus der Anerkennung durch seine Mitmenschen.[6]

Meinen Beobachtungen nach ist das Bedürfnis nach Selbstwert – wie auch das nach Zugehörigkeit und Liebe – bei den Menschen hier in der Region besonders stark ausgeprägt." Jannis unterbricht seinen Vater: „Weißt du, warum das so ist?" Die hat Konradin: „Vermutlich, weil sich die grundlegenden Bedürfnisse und das Bedürfnis nach Sicherheit der hier lebenden Menschen – im Vergleich zu anderen Regionen – verhältnismäßig einfach befriedigen lassen. Die Menschen bei uns leiden kaum an Hunger und zwischenmenschliche Gewalt ist seltener als in anderen Regionen."

Diese Vermutung seines Vaters überzeugt den kleinen Raben nur teilweise: „Aber Papa, von dir möchte ich doch auch Anerkennung haben! Was ist denn an dem Bedürfnis typisch menschlich? Dass Menschen ihr Bedürfnis nach Selbstwert auch mit großen Bauwerken befriedigen können?"

„Genau, Jannis! Menschen bauen im Vergleich zu anderen Lebewesen besonders gerne große Behausungen oder besitzen besonders viele und große vierrädrige Fortbewegungsmittel – die Menschen nennen sie auch Autos –, die dann ebenfalls wiederum Abstellflächen und Straßen benötigen. Die Objekte symbolisieren ihren Status. Menschen erfahren von ihren Mitmenschen Achtung, wenn beispielsweise ihre Behausung besonders groß und deren Lage exklusiv ist. Zumindest denken sie das. Ich habe von Behausungen mit über tausend Brutnischen – die Menschen nennen sie Zimmer – gehört."

Jannis staunt: „Wie einfach ist das denn? Ich baue mir ein großes Nest und automatisch bekomme ich mehr Anerkennung?"

Konradins Stimme bekommt einen dozierenden Ton: „Jannis, so einfach ist das nicht. Stell dir vor, wir müssten unser Nest zehnmal so groß bauen – wie viel Zeit wir dafür benötigen würden! Zeit, die uns dann zum Spielen, für unsere persönliche Entwicklung, Geselligkeit und Entspannung fehlen würde. Wir Raben erreichen Anerkennung – neben einem geschulten Spürsinn für Nahrungsmittel und fliegerischem Können – insbesondere durch Zuwendung, gegenseitige Hilfe und Verlässlichkeit gegenüber unseren Familienmitgliedern und Artgenossen. Die Menschen nennen diese empathischen Fähigkeiten auch *soziale Kompetenz*. Dies ist in meinen Augen sowohl für das persönliche als auch für das gemeinsame Wohl bedeutsamer als die Größe unseres Nestes."
Jannis erschrickt, denn er begreift die Tragweite von Konradins Aussage: „Das ist ja besorgniserregend! Jetzt beginne ich, die Anhäufung all ihrer Gegenstände besser

zu verstehen, und auch die irrsinnigen Müllberge, die sie
dabei produzieren und diese dann über Land und Wasser
verteilen. Unsere fliegenden Verwandten fressen diesen
Schrott auch noch.

Und ich dachte allen Ernstes, sie hätten noch ein weiteres
Bedürfnis nach Gegenständen, das du mir verschwiegen
hast." Immer noch ungläubig über die Erkenntnis, fährt
Jannis mit seinen Fragen fort: „Aha, Papa, du vermutest,
dass das Bedürfnis nach Status bei anderen Lebewesen
nicht ganz so ausgeprägt ist?"

Konradin seufzt: „Das mit dem Selbstwert der Menschen
ist so eine Sache. Auch Biber bauen natürlich gerne möglichst große Staudämme, die Pfauen bei uns im Park betrachten sich stolz im Spiegel des Sees und unseren na-
hen Verwandten, den Elstern, gefallen die glitzernden
Schmuckstücke der Menschen. Ich habe schon viele andere eitle Lebewesen kennengelernt, aber der Mensch ist
in dieser Hinsicht sicher ein Extrem.

Einerseits kooperieren Menschen auf einem Niveau wie
kein anderes Lebewesen auf unserem Planeten; andererseits leben sie in ständiger Konkurrenz und sind zutiefst
gekränkt, wenn ihre Mitmenschen ihre Sicht der Dinge
anzweifeln.

Als ausgeprägt soziale Lebewesen hängt der Selbstwert
der Menschen, wie ich dir gerade erklärt habe, in sehr ho-
hem Maße von ihren Mitmenschen ab. Aber die Menschen schenken sich gegenseitig nicht ausreichend Unterstützung, Achtung und Anerkennung – das Gefühl,
gebraucht zu werden.

Das Erstaunliche an den Menschen ist, dass sie meinen, einen Mangel an Selbstwert durch materielle Gegenstände kompensieren zu können – nicht zuletzt, um dadurch die fehlende Achtung und Anerkennung zu bekommen. Und dies gilt ebenso für einen Mangel an Zugehörigkeit und Liebe."

„Wahnsinn, woher kommt denn diese Vorstellung?", will Jannis wissen. „Das reden sie sich gegenseitig ein", erklärt ihm Konradin. „Zur Unterstützung dienen ihnen die bunten Plakatwände, die du hier überall in der Stadt siehst. Auf diesen werden die Produkte beworben." „Die spinnen, die Menschen", entfährt es Jannis. „Sei vorsichtig mit Pauschalurteilen!", ermahnt ihn sein Vater.

„An dieser Stelle ist es wichtig, festzuhalten, dass wir nicht alle Menschen für den gleichen Wurm halten dürfen. Es gibt viele weitblickende Menschen, die versuchen, nicht durch übermäßigen Verbrauch an Wald, Wiesen und Wasserflächen – von den Menschen als Natur bezeichnet – ihr Bedürfnis nach Selbstwert zu befriedigen. Nur leider ist dies bislang eine Minderheit. Und selbstverständlich gibt es auch Menschen, die aufgrund der Anzahl ihrer Kinder ein besonders großes Haus benötigen."

„Und dieses zweite Bedürfnis, das so ähnlich hieß? Wie befriedigen die Menschen das?", hakt Jannis wissbegierig nach.

Bedürfnis nach Selbstverwirklichung

Konradin lacht: „Das hieß *Selbstverwirklichung*[7], Jannis. Unter Selbstverwirklichung verstehen die Menschen, ein Leben zu führen, in dem es ihnen gelingt, ihre Stärken zur Geltung zu bringen, also sie entsprechend sinnvoll einzusetzen. Auch das kann ich dir am Beispiel der Behausungen erklären. Es gibt Menschen, die scheinen zu bauen um des Bauens willen. Sie sehen darin das typisch Menschliche. Diese Menschen empfinden beim Planen und Bauen eine große Freude. Die Hoffnung, ein nützliches, die Umwelt nicht schädigendes und/oder prachtvolles Bauwerk zu errichten, treibt sie an und lässt sie dabei selbst schwere Rückschläge wegstecken." „Ungefähr so wie bei den Bibern, Papa?" „Ganz genau so, Jannis.

„Oh, da haben wir ja Glück, Papa. Es gibt nicht so viele Biber und sie leben auch nur an Flüssen, sodass die Menschen die einzigen Lebewesen sind, die die Natur großflächig zerstören können."

Konradin lacht noch lauter, bevor er fortfahren kann: „Glück würde ich das nicht unbedingt nennen, mein Sohn. Aber bleiben wir noch einen Augenblick bei den Bedürfnissen. Zu einer umfassenderen Betrachtung des menschlichen Verhaltens kommen wir sicher noch an einem anderen Abend.
Ich denke, viele Lebewesen befriedigen dieses Bedürfnis nach Selbstverwirklichung unbewusst, während die Menschen bei der Suche nach Selbstverwirklichung ihr Bewusstsein ins Spiel bringen."

„Hast du eine Merkhilfe für die Bedürfnisse?", fragt Jannis.

Konradin überlegt: „Zusammengefasst kannst du dir diese als Pyramide vorstellen; das sind die nach oben

spitz zulaufenden Gebilde, die du von unseren Fernreisen[1] Richtung Süden kennst."
Und da weit und breit keine Katzen zu sehen sind, fliegt Konradin kurzerhand zum nahe gelegenen Kinderspielplatz. Mit seinem Schnabel pickt er skizzenhaft eine Pyramide in den feuchten Sand und erläutert Jannis seine Zeichnung:
„Das Fundament der Pyramide bilden die Grundbedürfnisse, gefolgt von dem Bedürfnis nach Sicherheit. Darüber befinden sich die Bedürfnisse nach Zugehörigkeit und Liebe sowie das Bedürfnis nach Selbstwert. Das Bedürfnis nach Selbstverwirklichung bildet die Spitze der Pyramide.

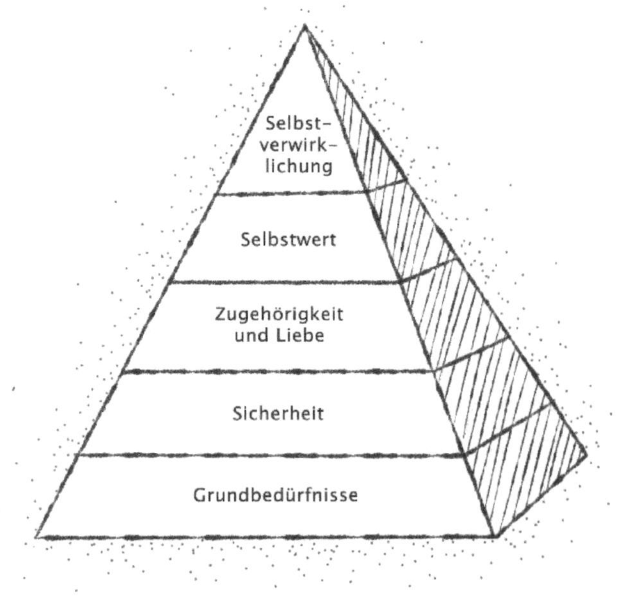

Darstellung der Maslow'schen Bedürfnishierarchie[8] in Form einer Pyramide, von Konradin in den Sand gepickt

Wenn du dir diese Bedürfnisse merken kannst, weißt du schon sehr viel über die Menschen und auch über andere Lebewesen. Denn um sich wohlzufühlen, wollen Lebewesen ihre Bedürfnisse befriedigen.

Die Kraft, die sie dazu antreibt, nennen die Menschen Motivation. Je nach Bedürfnis unterscheiden sie zwischen *Anschluss-, Macht- und Leistungsmotiv*.[9] Jedem Motiv liegt sozusagen ein Bedürfniskern zugrunde."[10]

„Bitte nochmal langsam, Papa", muss Jannis seinen immer wissenschaftlicher redenden Vater stoppen. „Danke für den Hinweis, dass ich mich gerade selbst überholt habe", entschuldigt sich Konradin. „Ich will dir die drei Motive anhand von Beispielen näher erklären: Menschen mit ausgeprägtem Anschlussmotiv mögen sich in einer bestimmten Situation anstrengen, weil sie sich davon erhoffen, von der Gemeinschaft gemocht zu werden und Wertschätzung zu erfahren. Sie investieren viel Zeit in die Pflege von Beziehungen, während sich Menschen mit ausgeprägtem Machtmotiv in der gleichen Situation anstrengen würden, um die Gemeinschaft anführen zu dürfen. Wiederum andere Menschen, diejenigen mit einem ausgeprägten Leistungsmotiv, strengen sich an, weil sie das, was sie machen und die Ergebnisse ihrer Anstrengung einfach so lieben wie die Biber ihre Staudämme. Sie gehen so sehr in ihrer Tätigkeit auf, dass sie während der Ausübung Raum und Zeit um sich herum vergessen."

„Kann ich an der Pyramide sehen, dass jeder Mensch viele grundlegende Bedürfnisse und ein ganz geringes Bedürfnis nach Selbstverwirklichung hat?", fragt Jannis weiter nach.

„Eine gute Frage, Jannis, die zeigt, dass das Bild auf verschiedene Arten interpretiert werden kann. Die Pyramide soll veranschaulichen, dass es eine Hierarchie der Bedürfnisse gibt und der Weg zur Spitze die Befriedigung der übrigen Bedürfnisse voraussetzt[11].
Die einzelnen Bedürfnisse können den Menschen aber unterschiedlich wichtig sein. Für den einen ist Zuwendung wichtiger als Freiheit; für den anderen ist es umgekehrt."

Jannis prüft, ob er die Erläuterungen korrekt verstanden hat: „Papa, das bedeutet, dass es wie bei uns Raben Menschen gibt, die beispielsweise mit weniger Schlaf oder Kontakt auskommen als andere Artgenossen?"

„Genau so ist es, Jannis. Neben der Hierarchie der Bedürfnisse verdeutlicht die Pyramide außerdem, dass die Menschen zur Spitze streben. Das heißt, wenn sie beispielsweise ihr Bedürfnis nach Zugehörigkeit und Liebe befriedigt sehen, sind sie damit noch nicht zufrieden, sondern streben danach, die hierarchisch höherstehenden Bedürfnisse nach Selbstwert und Selbstverwirklichung zu befriedigen."[12]
„Papa, gelangen viele Menschen zur Spitze?", fragt Jannis und Konradin holt aus: „Stellen wir uns den Menschen als Gämse vor, die an der Pyramide hinaufklettert. Da die Befriedigung der einzelnen Bedürfnisse nicht dauerhaft anhält, wird die Pyramide von den Menschen regelmäßig erklommen, was aber nicht heißt, dass alle Menschen an die Spitze gelangen.

Das kann zum einen damit zusammenhängen, dass es in manchen Regionen auf der Erde für die Menschen verhältnismäßig schwierig ist, die unten angesiedelten Bedürfnisse zu befriedigen, weil es zu wenige Lebensmittel gibt oder sie sich den ganzen Tag gegenseitig bekämpfen. Aber auch hier bei uns in der Region, wo ausreichend Nahrungsmittel für die Menschen vorhanden sind und aktuell Frieden herrscht, haben einige Menschen Probleme, die letzten Meter zu erklimmen. Und selbst Menschen, die schon einmal erfolgreich waren, können beim nächsten Mal scheitern. Ich habe nur noch nicht herausgefunden, warum.

Bei den Menschen scheint zudem die Angst, die unten angesiedelten Bedürfnisse nicht befriedigen zu können, größer zu sein als der Ansporn, sich selbst verwirklichen zu können, sodass sie sich voll auf die vier unteren Motive konzentrieren.[13] Die diesen vier Bedürfnissen zugrunde liegenden Kräfte werden entsprechend auch als *Defizitmotive* bezeichnet und der Antrieb zur Selbstverwirklichung als *Wachstumsmotiv*.[14] Oder vielleicht sind sie sich ihrer Stärken nicht bewusst beziehungsweise setzen sie nicht richtig ein.

Menschen hingegen, die sich ihrer Talente bewusst sind und diese gezielt für ihre Interessen einsetzen, befriedigen dabei meist instinktiv das Bedürfnis nach Selbstverwirklichung und verspüren ein persönliches Wachstum."

„Papa, kann es sein, dass sie zu sehr mit dem Sammeln all ihrer Gegenstände beschäftigt sind und sie deshalb keine Zeit haben, herauszufinden, was ihre Stärken sind?", fragt Jannis kichernd nach. „Das kann schon sein,

Jannis. Nach meinem bisherigen Forschungsstand verbringen sie im Vergleich zu anderen Lebewesen sehr viel
Zeit damit, ihr Bedürfnis nach Selbstwert zu befriedigen.
Viele Menschen können sich nicht vorstellen, dass das
Anstreben des Wachstumsmotivs auch in gewissem
Maße die Defizitmotive mitbefriedigt."
Konradin sieht die Fragezeichen auf Jannis' Stirn und hilft
ihm mit einem Beispiel: „Schau dir nur im Vergleich dazu
die Maulwürfe bei uns im Park an; die machen es instinktiv richtig. Sie nutzen tagtäglich ihr Talent des Tunnel-
grabens und werden dadurch zu wahren Meistern ihres
Faches. Sie verspüren eine große Freude dabei, immer
aufwändigere und längere Gänge zu graben. Nebenbei
befriedigen sie alle ihre Defizitbedürfnisse: Sie finden in
den Gängen Nahrung, da sich immer wieder Regenwürmer und Insekten dorthin verirren. Sie können in ihrem
Tunnelsystem im Dunkeln schlafen; das ist gut, weil sie
keine Sonne mögen. Zudem sind sie in den unterirdi-
schen Gängen vor ihren Fressfeinden geschützt. Sie
bauen sich eine Nestkammer, um auch ihren Nachwuchs
– und damit ihre Liebsten – unmittelbar bei sich zu haben."
Der kleine Rabe grübelt weiter, warum sich viele Menschen so schwer dabei tun, ihre Bedürfnisse umfassend
zu befriedigen: „Kann es vorkommen, dass manche Menschen das Pyramidenmodell einfach nicht kennen und
deshalb nicht zur Spitze wollen?"
Konradin kann seinen Stolz nicht verbergen: „Eine interessante These, Jannis. Man merkt einmal mehr, dass du
mein Sohn bist! Die Menschen müssen das Modell nicht

kennen. Manche spüren ihre Wachstumsmotive und folgen ihnen wie andere Lebewesen aus dem Bauch heraus.
Andere kennen das Modell, verharren aber dennoch bei
den Defizitmotiven und lassen ihre Wachstumsmotive
verkümmern. Das ist dann der Unterschied zwischen
Theorie und Praxis.
Das wirklich Bedauerliche an den Menschen ist, dass sie
häufig vergessen, dass ihre Mitmenschen und Mitlebewesen die gleichen Bedürfnisse haben."

Der kleine Rabe hopst am Sandkastenrand hin und her,
seine Zustimmung durch Nicken äußernd. Die gemeinsamen Bedürfnisse hat Jannis soweit verstanden. Deshalb
fragt er weiter: „Papa, kannst du mir jetzt erklären, wie
sich die Menschen voneinander unterscheiden?"

„Gerne, mein Sohn. Ganz grob lassen sich Menschen darin unterscheiden, was sie können und wie sie sind. Präzise wissenschaftlich formuliert heißt das, anhand ihrer
Fähigkeiten und ihrer *Persönlichkeit*.[15]

Typische Fähigkeiten sind bei Menschen − wie bei uns
Raben − die kognitiven, das heißt die Fähigkeiten, zu
denken, zu wissen, sich zu erinnern und zu kommunizieren."[16]

Jannis strahlt: „O.K. Das erklärt all die Erfindungen der
Menschen, mit deren Hilfe sie lange schwimmen oder sogar fliegen können, obwohl sie das beides eigentlich ja
gar nicht können. Also, in dieser Hinsicht bewundere ich
die Menschen. Sie denken sich völlig verrückte Dinge wie
diese riesengroßen Ballone aus, mit denen sie zu uns aufsteigen können."

Unterschiede:

(1) Kognitive
Fähigkeiten

Konradin erklärt: „Das Gas, mit dem die Ballone gefüllt sind, ist leichter als Luft; deshalb können sie damit zu uns aufsteigen. Du hast recht: Es ist wirklich beeindruckend, was die Menschen sich so alles ausdenken und wie sie das, was sie sich ausgedacht haben, dann mit ihrem handwerklichen Geschick und mit bereits erfundenen Gerätschaften umsetzen. Wenn wir die Menschen beobachten, müssen wir auch schauen, wie wir von ihren Erfindungen profitieren können. Nicht nur, dass ihre Bauwerke prima Beobachtungs- und Nistplätze sind; ihre Autos können uns als Nussknacker dienen, wenn sie über die Nüsse fahren. Dazu müssen wir die Nüsse nur geschickt vor ihnen platzieren.

Es gibt Affenarten, die ansatzweise auch so erfinderisch sind wie die Menschen, aber nicht auf diesem Niveau. Es gibt aber auch bei den Menschen Unterschiede was die Fähigkeiten betrifft. Bei manchen sind die sozialen Kompetenzen ausgeprägter, bei anderen die methodischen oder die fachlichen Kompetenzen. Wiederum andere verfügen über eine ausbalancierte Kombination.“ Der kleine Rabe muss wieder nachhaken: „Was sind denn methodische Kompetenzen, Papa?“ Konradin hält kurz inne, um ein für die Menschen passendes Beispiel zu finden. Ihm fällt die Gesundheitsversorgung ein und er holt in seiner typischen Art etwas weiter aus: „Menschen mit methodischen Fähigkeiten können Aufgaben besonders geschickt erledigen. Natürlich nutzen sie dabei auch ihre sozialen und fachlichen Fähigkeiten.

Schau dir dazu die Behausungen, in denen Menschen geheilt werden – die Menschen nennen sie Krankenhäuser – genauer an!

Den Ärzten und Pflegern, die darin arbeiten, bescheinigen die Menschen eine hohe soziale Kompetenz, wenn sie die Kranken besonders gut trösten können. Sie sind fachlich kompetent, wenn sie schnell erkennen, was den Kranken fehlt, so zum Beispiel, wenn diese keine äußeren Verletzungen haben und die Ärzte trotzdem die richtige Behandlungsmethode zur Genesung empfehlen können. Wenn sie wissen, wie die Behandlung durchgeführt werden muss, verfügen sie über die entsprechende methodische Kompetenz. An diesem Beispiel wird deutlich, dass es von Vorteil ist, wenn ein Mensch mehrere dieser Fähigkeiten beherrscht. Wenn die Menschen ihre Stärken kennen, können sie natürlich auch Teams formen, in denen sie sich gegenseitig ergänzen.
Die Unterscheidung in fachliche, methodische und soziale Kompetenz ist nur eine von mehreren Unterscheidungsmöglichkeiten. Mir gefällt sie aber ganz gut.

Zusammenfassend lässt sich zu den kognitiven Fähigkeiten sagen, dass die Menschen genauso gut denken, wissen und sich erinnern können wie wir Raben und andere Lebewesen. Wo es aber bei den Menschen öfter hapert, ist beim Thema Kommunikation." Jannis hört gespannt zu und Konradin fährt fort: „Wir Raben haben es da relativ einfach. Du rufst mich in einem bestimmten Ton und ich verstehe das Signal – ohne bei dir nachfragen zu müssen – eindeutig als Hunger und du bekommst umgehend einen Wurm. Das ist sehr effizient.
Die Menschen mit all ihren verschiedenen Sprachen sind da etwas benachteiligt. Das beginnt schon im Kinderalter: Menschenkinder brüllen darauf los und ihre Eltern

können nicht eindeutig sagen, ob ihr Kind Hunger hat, ihm etwas weh tut oder es sich in der Liege unwohl fühlt, weil es in seine Windel hineingepinkelt hat. Die Eltern müssen dann nach dem Versuch- und Irrtum-Prinzip alle Möglichkeiten ausschließen. Anfangs habe ich vermutet, dass es mit dem Alter besser wird und die Menschen lernen, präziser miteinander zu kommunizieren. Aber ich habe feststellen müssen, dass die Menschen, auch wenn sie älter sind und sich besser ausdrücken können, sehr häufig nicht deutlich sagen, was sie meinen. Die genauen Ursachen für diesen Mangel an guter Kommunikation muss ich noch weiter erforschen."

Jannis fällt vor Lachen fast vom Sandkastenrand. „Bei diesem Sprach- und Wortgewirr machen die Menschen es sich auch selbst schwer, sich gegenseitig zu verstehen. Oder es ist Absicht und das Missverstehen ein Menschenspiel?" Der kleine Rabe muss dabei schon wieder kichern: „Ich finde es lustig, zu beobachten, wie viele Menschen bereits mit dem Antworten beginnen, wenn ihr Gesprächspartner noch gar nicht ausgeredet hat. Kommunikation kann dann ja gar nicht funktionieren.
Aber das Verrückteste an der menschlichen Kommunikation finde ich, ist, dass die Menschen oft mit irgendwelchen kleinen Gegenständen reden, die sie an ihr Ohr halten. Machen sie das zur Übung?" „Gute Frage, Jannis. Die erwachsenen Menschen hatten sie zuerst; das spricht gegen die Vermutung. Diese Dinger – die Menschen nennen sie Handys oder auch Smartphones – haben sich in den vergangenen Jahren stark verbreitet und sind viel

mehr geworden. Meinen Beobachtungen zufolge können die Menschen mit ihnen mit Mitmenschen kommunizieren, die sich nicht in unmittelbarer Nähe aufhalten. Das ist sehr clever, aber dass die Menschen durch sie grundsätzlich besser kommunizieren, habe ich noch nicht beobachten können.

Die Handys werden immer flacher und manche Menschen besitzen mehrere von ihnen. Viele Menschen scheinen regelrecht abhängig von ihren Handys zu werden – so viel Zeit, wie sie mit ihnen verbringen! Das Thema menschliche Kommunikation sollten wir gemeinsam weiter beobachten. Vielleicht erschließt sich uns ja noch der tiefere Sinn der pausenlosen Handynutzung."

„Papa, du hattest erwähnt, dass Menschen sich nicht nur hinsichtlich ihrer Fähigkeiten unterscheiden. Erzähle mir bitte noch mehr über weitere Unterschiede."

Und so fährt der weise Rabe fort: „Neben der unterschiedlichen Ausprägung ihrer kognitiven Fähigkeiten unterscheiden sie sich auch hinsichtlich ihrer *Persönlichkeitseigenschaften*, ihrer *Motive* sowie hinsichtlich ihrer *Werte und Interessen*, Jannis. Diese drei Komponenten bilden zusammen ihre *Persönlichkeit*.[17]

(2) Persönlichkeit

Die *Motive* der Menschen habe ich dir schon anhand der Bedürfnispyramide erläutert. Dass die Bedürfnisse gleich sind, aber die Motive als Antrieb unterschiedlich sein können, habe ich hoffentlich ebenfalls verständlich machen können. Manche Menschenkinder helfen beispielsweise aus Furcht vor Verstoßung ihren Eltern, andere aus Freude. Das zugrunde liegende Bedürfnis nach Zugehörigkeit ist dabei identisch."

Jannis nickt und unterbricht seinen vor Wissen sprudelnden Vater: „Alles ist soweit für mich nachvollziehbar, Papa. Auch dass Menschen unterschiedliche Werte und Interessen haben können, ist für mich plausibel. Schließlich sind wir Raben ebenfalls manchmal unterschiedlicher Auffassung darüber, was wichtig für uns ist. Aber was bitte meinst du mit Persönlichkeitseigenschaften?"

Konradin überlegt, wie er diese Jannis am besten erklären kann: *„Persönlichkeitseigenschaften* beschreiben, wie sich Personen verhalten, Jannis.[18] „Man kann z. B. introvertierte von extrovertierten, emotional stabile von emotional weniger stabilen, freundliche von unfreundlichen, verlässliche von unverlässlichen, neugierige von gegenüber neuen Erfahrungen verschlossenen Menschen unterscheiden."[19] „Papa, was sind introvertierte Menschen?" Konradin beginnt, sie zu beschreiben: „Das sind Menschen, die sich nicht dauernd Mitmenschen um sich herum wünschen, die auch Zeit für sich benötigen. In Gruppen sind sie zurückhaltender und ergreifen nicht sofort das Wort."

„Aha!", ruft Jannis. „Das ist ja wie bei uns! Mein Kumpel Fred ist viel geselliger und aktiver als der – offenbar introvertierte – Anton. Du bist viel gewissenhafter und organisierter als Tante Margret, auf die ich mich bei Verabredungen nie verlassen kann. Und wenn ich die alte Eule im Baum neben unserem Nest beobachte, wie sie an manchen Tagen supergut gelaunt ist und an anderen Tagen – nur weil Fred zu dicht an ihr vorbeigeflogen ist –

stundenlang heult, kann ich mir gut vorstellen, was du mit *emotionaler Instabilität* meinst."

Konradin ergänzt: „Ja, Jannis, und wie bei uns haben die Menschen nur bedingt Einfluss auf ihre Persönlichkeitseigenschaften. Ein ungeselliger Mensch wird nicht automatisch geselliger, weil er oder sein Umfeld sich das wünschen. Hier spielen genetische – also angeborene – Veranlagung und andere biologische Eigenschaften eine wichtige Rolle.

Ein unfreundlicher Mensch mag einerseits von seinen Mitmenschen als unangenehme Persönlichkeit empfunden werden. Andererseits mag er aber über eine überragende Beurteilungskompetenz verfügen, sodass sein Rat trotz seiner unhöflichen Art von seinen Mitmenschen gerne angenommen wird. Und selbstverständlich gibt es auch den umgekehrten Fall: einen Menschen mit großen Beurteilungsschwierigkeiten, dem aufgrund seiner freundlichen Art von seinen Kollegen in Situationen, in denen es auf eine Beurteilung ankommt, dabei aber gern geholfen wird.

Die Kunst besteht bei den Menschen wie bei uns Raben darin, zu lernen, mit unterschiedlichen Persönlichkeiten – von den Menschen auch Charaktere gennannt – klarzukommen. Ein wichtiger Schritt dazu ist, sich seines Charakters bewusst zu sein und zu wissen, wie er auf andere wirkt. Die Menschen sind wie wir Raben komplexe Lebewesen. Wir sollten sie daher nicht vorschnell verurteilen. Die Auseinandersetzung mit den Unterschieden ist natürlich anstrengend und deshalb umgeben wir uns häufig lieber mit Lebewesen, die uns ähneln."[20]

Konradin hält kurz inne; dann fährt er fort: „Jetzt, wo du die Bedürfnisse der Menschen kennengelernt hast und sie hinsichtlich Fähigkeiten und Persönlichkeit unterscheiden kannst, können wir beginnen, uns deinen komplexen Fragen danach, wie Menschen fühlen, denken und handeln, zu nähern. Neben der genetischen Anlage spielt das menschliche Umfeld hierbei eine wichtige Rolle.[21]

Es gibt hierzu ein Verhaltensmodell, das besagt, dass das menschliche Verhalten im Wesentlichen von vier Einflussgrößen bestimmt wird: erstens von der Situation, zweitens von den sozialen Normen und Regelungen, den sogenannten *fundamentalen Institutionen*, drittens von den Fähigkeiten und viertens von den Motiven.“[22] Jannis kichert drauflos: „Fundamentale Institutionen! Meine Güte machen es sich die Menschen schwer.“ Konradin wartet, bis sich Jannis wieder beruhigt hat; dann fährt er fort: „Bezeichnungen sind nicht so entscheidend, mein Lieber. Entscheidend ist, was hinter ihnen steckt. Ich kann dir das Verhalten anhand eines Kräftevierecks erklären.“ Konradin beginnt, das Verhaltensmodell für seinen Schüler in den Sand zu skizzieren:

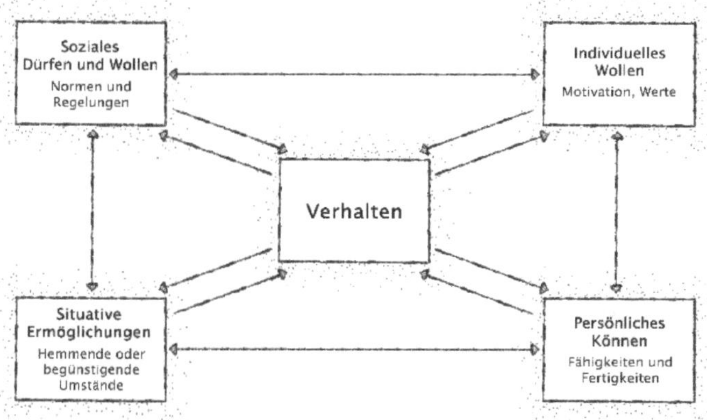

Bedingungen des Verhaltens[23], von Konradin in den Sand gepickt

Jede dieser vier Kräfte beeinflusst das menschliche Verhalten und die Kräfte stehen in gegenseitiger Abhängigkeit voneinander.

Wenn du so willst, habe ich dir bislang die rechte Seite erklärt. Auf den sozialen Einfluss gehe ich morgen im Detail ein, wenn ich dir deine zweite Frage, wie das menschliche Zusammenleben funktioniert, beantworte."

„Papa, hast du dazu vorab für mich ein Beispiel?" „Klar, mein Sohn."

Konradin zeigt mit dem Flügel auf ein großes Blumenbeet am Rande einer Rasenfläche „Schau dir den Gärtner da unten im Park an!" „Den mit der blauen Mütze?" „Genau den. Was fällt dir an ihm im Vergleich zu seinem Kollegen dort hinten am Teich auf?" Jannis berichtet von seinen Beobachtungen: „Beide habe ich schon öfter im Park gesehen, Papa. Sie scheinen sich um den Park zu kümmern. Warum das nötig ist, habe ich zwar noch nicht verstanden, aber ich kann dir beschreiben, was sie tun. Sie sammeln Blätter. Sie schneiden die Bäume. Sie bringen neue Pflanzen in den Park." „Beschreibe mir den Unterschied, wie sie es tun, Jannis!", bittet ihn sein Vater. „Der mit der blauen Mütze ist immer besonders eifrig; der am Teich arbeitet nur fleißig, wenn andere ihm zuschauen. Ansonsten spielt er mit seinem Smartphone. Gerade eben arbeitet er eifrig, weil ein anderer Mensch bei ihm steht." „Sehr gut beobachtet, Jannis. Der Mensch, der auf dem Weg steht, ist der Obergärtner in dem Park." Konradin fragt weiter: „Kannst du dir das Verhalten der beiden Gärtner mit meinem Modell erklären? Werfe mal einen Blick auf die Motive!" – „Ich versuche es. Der Gärtner mit der blauen Mütze scheint eine hohe Leistungsmotivation zu haben. Sein Kollege arbeitet nur dann, wenn er muss. Wenn er weiß, dass er von dem Obergärtner beobachtet wird, ihm also keine andere Wahl bleibt, wenn er keinen Ärger bekommen will." Konradin lächelt zufrieden: „Sehr schön erklärt, Jannis. Bei dem Gärtner mit der blauen Mütze scheint die Aussicht auf die Befriedigung höherer Bedürfnisse zu dominieren. Die Menschen sprechen in dem Zusammenhang auch von intrinsischer Motivation. Bei dem Gärtner mit der Schubkarre sieht es so aus, dass die *Furcht vor Zurückweisung*[24] durch den Obergärtner dominiert." Er bittet Jannis, fortzufahren, was dieser gern tut: „Den Einfluss der Situation erkenne ich daran, dass beispielsweise bei Regen die beiden Gärtner aufhören, zu arbeiten, da Menschen relativ wasserscheue Lebewesen sind. Oder auch daran, dass der Gärtner mit der blauen Mütze eine Zeit lang weniger arbeiten konnte, als sein Kollege, da er sich verletzt hatte, obwohl er motivierter ist." Konradin klopft Jannis anerkennend mit seinem Flügel auf die Schulter: „Wunderbar, Jannis. Beim sozialen Einfluss helfe ich dir; denn das erkläre ich dir morgen noch genauer: Das Umfeld der beiden Gärtner – welches für die Beachtung gemeinschaftlicher Regeln eine sehr wichtige Rolle spielt – ist, soweit ich das bislang aus meinen Beobachtungen einschätzen kann, gleich. Sie kommen beide aus derselben Gegend, aus ähnlichen familiären Verhältnissen, haben einen vergleichbaren sozialen Status und sogar fast den identischen Freundeskreis. Und wie sieht es bei den beiden mit den Fähigkeiten aus, Jannis?" Jannis grübelt: „Das ist jetzt schwieriger. Kannst du mir helfen, Papa?" Konradin springt seinem Sohn zur Seite: „Klar, schau mal: Der mit der blauen Mütze hat – mit dem lärmenden Gerät, das er nutzt – eine Methode gefunden, mit der er die Blätter schneller vom Weg entfernen kann als sein Kollege."

Der kleine Rabe ist zum ersten Mal fast sprachlos und krächzt staunend: „Papa, das heißt, diese vier Kräfte beeinflussen das menschliche Verhalten?" „Korrekt, Jannis. Dieses Modell zeigt anschaulich die vier Bedingungen für das menschliche Verhalten. Jedoch kann man aus dem Verhalten nicht automatisch auf die Motive schließen, da ein und dasselbe Verhalten von verschiedenen Motiven bestimmt sein kann,[25] wie du am Beispiel der Gärtner im Park sehen kannst.
Eine Herausforderung besteht auch darin, das Kräfteverhältnis richtig zu beurteilen. Die Menschen überschätzen

häufig den Einfluss der Motivation und unterschätzen den der Situation.[26] Betrachten wir dazu unser Beispiel. Wenn der Obergärtner häufig genug nach den beiden Gärtnern schaut, dürfte trotz höherer Leistungsmotivation des einen Gärtners beim Ergebnis der beiden Gärtner kaum ein Unterschied erkennbar sein. Dies wäre dann der permanenten Kontrolle geschuldet.
Menschliches Verhalten, insbesondere Gruppenverhalten, ist sehr komplex. Es mag Verhaltenssituationen bei den Menschen geben, die sich nicht mit diesem Modell erklären lassen. Dann sind wir aufgefordert, das Modell so weit zu verfeinern oder durch ein genaueres zu ersetzen, dass wir das menschliche Verhalten besser vorhersagen beziehungsweise nachträglich erklären können. Denn Modelle sollen die Wirklichkeit so gut wie möglich beschreiben."

Jannis muss das Gelernte erst einmal sacken lassen: „O.K., Papa. Die beiden Modelle bezüglich der menschlichen Bedürfnisse und ihres Verhaltens werde ich mir merken." Der junge Rabe hält einen Moment inne und beobachtet, wie über ihnen ein Flugzeug in den Abendhimmel steigt, bevor er fortfährt:
„Wir Raben freuen uns über gelungene Flugmanöver und lachen mit unseren Artgenossen, wenn uns dabei der Wind unsere Federn zerzaust hat und wir es nicht gemerkt haben. Kennen die Menschen auch solche positiven Gefühle?"

Gefühle

Konradin staunt: „Wow, du stellst gute Fragen. Nach meinen Erkenntnissen spielen *Gefühle* bei den Menschen ebenfalls eine wichtige Rolle. Sie beeinflussen wie es ihnen geht, indem sie ihnen eine Rückmeldung dazu geben, wie gut sie ihre Bedürfnisse befriedigen konnten.[27] Und sie beeinflussen auch ihre Entscheidungen, da sowohl gute als auch schlechte Erfahrungen als Gefühle – die Menschen sprechen in dieser unbewussten Situation von Emotionen – gespeichert werden."[28]

Jetzt hat Jannis große Fragezeichen in seinen Augen: „Dass Gefühle beeinflussen können, ob Menschen sich wohlfühlen, klingt logisch, Papa. So ist es ja auch bei uns Raben. Aber wie können Gefühle Entscheidungen beeinflussen?"

Konradin sucht nach einem passenden Beispiel: „Beobachte dazu das menschliche Liebesverhalten: Völlig träge Menschen laufen – von ihren Gefühlen übermannt – urplötzlich zur Höchstform auf, um die Aufmerksamkeit eines anderen Menschen auf sich zu ziehen. Da mögen bereits hundert Frauen an einem Mann vorbeigegangen sein, aber erst bei diesem Exemplar wird er schlagartig aktiv. Also muss das Unterbewusstsein die Entscheidung auf der Basis gespeicherter Vorlieben und Erfahrungen getroffen haben."

Das Beispiel gefällt Jannis: „Oh ja, jetzt wo du es sagst, fallen mir die Feste im Park ein, bei denen gelangweilte Männer scheinbar aus dem Nichts wahre Shows aufführen, wenn sie eine einsame Frau auf der Tanzfläche entdecken. Diese Reaktion ist wirklich beeindruckend, wenn auch nicht immer von Erfolg gekrönt. Und du meinst, ein Gefühl gibt ihnen den Startschuss zu ihren Aktionen?"

Konradin schmunzelt: „Ja, daran siehst du, Jannis, dass Menschen ihr Umfeld nicht so umfassend wahrnehmen, wie es ist, sondern selektiert nach dessen Nützlichkeit.[29] Das ist aber bei uns nicht anders. Wir nehmen normalerweise viel unbewusst war. Unsere – von unseren bisherigen Erfahrungen geprägten – Einstellungen und Gefühle beeinflussen unsere Wahrnehmung dabei dahingehend, das eigene Weltbild zu bestätigen.[30]"

„Wow, das ist ja ganz schön stark!", entfährt es Jannis. „Die gemachten Erfahrungen können ja sehr unterschiedlich sein. Du meinst, wir bewerten Situationen auch danach, wie wir sie persönlich wahrnehmen und wissen nicht mal, dass wir das tun? Wie will man denn dann vernünftige Entscheidungen treffen?"

Konradin erklärt: „Raben, genauso wie die Menschen, wollen für sich nützliche Entscheidungen treffen und wenn das Unterbewusstsein bei der Vorauswahl hilft, dann spart das Zeit und Energie. Von daher ist die unbewusste Wahrnehmung eine interessante Sache. Ich gebe dir jedoch recht, dass die Entscheidungen dadurch nicht immer wohlüberlegt – die Menschen würden sagen *rational* – sind. Sprich: Menschen und Raben können keine Gründe für die unbewussten Entscheidungen angeben.[31] Und die Entscheidungen können, je nachdem welche Erfahrungen gemacht wurden, sehr stark voneinander abweichen. Stell dir vor, ein Mensch hat ganz grausame Qualen durch Mitmenschen erlitten, während ein anderer durchweg positive Erfahrungen mit anderen Menschen gemacht hat. Beide haben einen Sohn und dieses Kind fragt sie jeweils, ob er allein von der Schule nach Hause laufen kann. Ich bin sicher, die beiden

Menschen treffen – aufgrund ihrer Erfahrungen – unterschiedliche Entscheidungen.

Daher sind Menschen und Raben gut beraten, sich diesem *Autopiloten* beziehungsweise ihren mentalen Modellen bewusst zu sein. Bei wichtigen Entscheidungen sollten sie und wir kritisch hinterfragen, wie wir den Sachverhalt eventuell persönlich verfärbt wahrgenommen haben, um auf einer guten Wahrnehmungsgrundlage zu bewerten und zu entscheiden."[32]

Jannis ist sich nicht ganz sicher, ob er den menschlichen Bewertungs- und Entscheidungsprozess vollends verstanden hat und beschließt, den Prozess in den nächsten Tagen zu beobachten. Eine Frage drängt sich ihm dann dennoch auf: „Und wem gegenüber rechtfertigen die Menschen ihre Entscheidungen?" Und er fügt hinzu: „Also wir Raben sind es schon einmal nicht. Oder haben die Gärtner im Park uns gefragt, als sie den schönen Nistplatzbaum gefällt haben?"

Konradin schmunzelt: „Eine ebenfalls nicht ganz einfach zu beantwortende Frage, Jannis. Um es vorwegzunehmen: Wir wurden nicht gefragt und spielen bei der Rechtfertigung der Handlungen der Menschen – zumindest momentan – nur eine untergeordnete Rolle.

Ein Philosoph – das ist, vereinfacht gesagt, ein Mensch, der wie ich viel Zeit damit verbringt, über die Welt nachzudenken – hat es einmal sehr gut auf den Punkt gebracht. Er hat den Menschen – im gewissen Rahmen – als rational, frei und verantwortlich charakterisiert.[33]

Das bedeutet, Menschen können zwischen verschiedenen Handlungsmöglichkeiten abwägen, sich frei entscheiden und ihre Entscheidung rechtfertigen.[34] Die

Fähigkeit, ihre Entscheidungen begründen zu können, macht sie zu verantwortlichen Akteuren." [35]

Jannis stöhnt vor so viel Theorie: „O.K. – und nun konkret: Wem gegenüber rechtfertigen sie ihre Entscheidungen?" Konradin bremst sich und erklärt: „Menschen verantworten ihre Entscheidungen normalerweise gegenüber anderen Menschen, aber auch sich selbst gegenüber – also ihrem Gewissen gegenüber. Die Stelle gegenüber der sich der Mensch (moralisch) verantwortlich fühlt, kann darüber hinaus auch eine höhere Instanz sein."[36]

Fast enttäuscht krächzt Jannis: „Und ich dachte, wir Raben wären die einzigen Lebewesen, die manchmal ein schlechtes Gewissen haben. Das habe ich den Menschen gar nicht zugetraut, so wie sie sich an manchen Tagen ziemlich daneben benehmen." „Ich glaube, das beruht auf Gegenseitigkeit. Die Menschen gehen bestimmt nicht davon aus, dass wir Raben auch ein Gewissen haben", erwidert Konradin und beendet den Abend mit der abschließenden Frage an seinen Sohn:

„Jetzt bin ich ganz neugierig. Was hast du von meinen Ausführungen über den Menschen behalten?"

Der kleine Rabe beginnt, das Gelernte zusammenzufassen: „So besonders, wie die Menschen tun, sind sie gar nicht. Alle Menschen haben ähnliche Bedürfnisse und möchten diese befriedigen. Sie sind lernfähig wie wir und wir Raben können ihre Erfindungen mitnutzen. Ihre

Autos sind prima Nussknacker und ihre Behausungen
gute Beobachtungs- und Nistplätze.

Menschen lassen sich hinsichtlich ihrer Fähigkeiten,
Charaktereigenschaften, Motive, Interessen und Werte
unterscheiden."[37] „Exzellent, Jannis", lobt Konradin die
präzise Aufzählung und fügt hinzu: „Ihre Stärken verändern sich im Laufe des Lebens; ihre Charaktereigenschaften hingegen bleiben weitestgehend gleich."

„Ich war noch nicht fertig", unterbricht Jannis seinen
Vater und fährt mit seinen Erkenntnissen fort: „Neu war
für mich auch, zu erfahren, dass das Verhalten der
Menschen von ihren Fähigkeiten, ihren Motiven, ihren
sozialen Normen und Regelungen sowie von der
Situation abhängig ist. Und dass die Wahrnehmung der
Menschen ähnlich der unseren von ihren Einstellungen,
ihren Gefühlen und Erfahrungen beeinflusst wird.
Besonders interessant finde ich, dass sie ein Gewissen
haben, vor dem sie sich rechtfertigen können und
müssen."

Konradin schlägt die Flügel zusammen und strahlt: „Respekt, Jannis; sehr gut aufgepasst! Dann schlaf mal gut,
mein Sohn! Morgen werden wir deine nächste Frage beantworten." Jannis ist von so vielen Erkenntnissen müde
geworden und freut sich darauf, das Gelernte im Schlaf
verarbeiten zu können. Wieder im Baumwipfel sitzend,
kann er gerade noch krächzen: „Schlaf gut, Papa!" Dann
fallen ihm die Augen zu.

Kapitel 2

Wie funktioniert das Zusammenleben der Menschen?

Konradin und Jannis haben sich tagsüber von den vorbeifahrenden Autos etliche Nüsse an der am Park gelegenen Straßenkreuzung knacken lassen und Verstecken im Park gespielt. Nun sitzen sie in der Abenddämmerung auf einer großen Schilderbrücke auf dem nahegelegenen Autobahnzubringer. Entspannt schauen sie den vorbeisausenden Autos der Menschen zu.

„Papa, bitte erzähle mir doch heute, wie die Menschen Zusammenleben. Es wirkt auf mich sehr chaotisch." Konradin lacht: „Was findest du denn am menschlichen Zusammenleben chaotisch, mein Sohn?" Und Jannis berichtet von seinen Eindrücken: „Die Menschen verbringen oft nur morgens und abends und an bestimmten Tagen ihre Zeit im Kreis ihrer Familien. Tagsüber sind sie häufig mit anderen Menschen zusammen. An manchen Tagen sind sie wiederum Teil weiterer Cliquen, mit denen sie etwas gemeinsam unternehmen. Warum verbringen die Menschen im Gegensatz zu den anderen Lebewesen so viel Zeit in unterschiedlichen Gruppen?"

Konradin flattert näher an Jannis heran, damit er – angesichts des Lärms der unter ihnen vorbeifahrenden Fahrzeuge – nicht so laut krächzen muss. Dann beginnt er, von seinen Erkenntnissen zu berichten: „Also, Jannis, der

Soziale
Lebewesen

Mensch ist zunächst einmal wie die meisten Tiere ein *soziales Lebewesen*, das heißt, er lebt lieber in einer Gruppe als allein. Das hast du richtig erkannt. Bei all meinen Reisen habe ich erst sehr wenige Menschen angetroffen, die in völliger Einsamkeit leben.

Ich habe dir ja gestern vom menschlichen Bedürfnis nach Liebe und Anerkennung erzählt. Dieses erklärt, warum die Menschen mit wenigen Kontakten zu anderen Menschen trauriger wirken als die Menschen mit durchschnittlich vielen Kontakten zu anderen Menschen. Natürlich variiert das ein bisschen und man kann nicht daraus schließen, dass die Menschen mit besonders vielen sozialen Kontakten besonders glücklich sind."

„Warum denn nicht?", will Jannis wissen.

„Ich vermute, es spielt eine Rolle, wie intensiv die sozialen Beziehungen sind. Je intensiver eine Beziehung ist, desto mehr Zeit nimmt sie in Anspruch. Das ist wie bei uns Raben. Wir sind besonders glücklich, wenn wir viel Zeit mit anderen Raben verbringen, mit denen wir gerne zusammen sind, weil sie unsere Familienmitglieder, Freunde, Nachbarn etc. sind. Allgemein kann man sagen: wenn wir mit Raben zusammen sind, die uns ähnlich sind, z. B., was ihre Einstellungen und Merkmale betrifft."[38]

„Warum brauchen die Menschen außer ihren Familienmitgliedern und Freunden noch andere Menschen?", will der junge Rabe wissen.

„Das liegt daran, Jannis, dass die Menschen in sehr vielen Bereichen kooperieren. Manche kümmern sich ausschließlich um die Ernährung, manche ausschließlich um die Erziehung, wiederum andere ausschließlich um den Bau ihrer Behausungen etc. Aufgrund dieser intensiven Zusammenarbeit stehen ihre Behausungen vielerorts so nah beieinander. Je nach Anzahl der Menschen und Behausungen nennen sie große Siedlungen *Städte* und kleinere *Dörfer*. Die kurzen Wege in diesen Siedlungen erleichtern ihnen die Kooperation. Ihre Zusammenarbeit ist im Vergleich zu der von uns Raben oder der von Affen wesentlich ausgeprägter. Sie kooperieren sogar beim Denken."[39] Jannis, beeindruckt von dem Gebäudemeer der Stadt und den großen Industrieanlagen flussabwärts, nickt bedächtig: „O.K., Papa, das erklärt einiges von dem, was ich beobachtet habe."

Und Konradin ergänzt: „Die Menschen nennen diese ausgeprägte Art der Kooperation *Arbeitsteilung*. Ihre unterschiedlich ausgeprägten Fähigkeiten können sich dabei gegenseitig ergänzen, wie ich dir gestern erklärt habe. Arbeitsteilung ermöglicht es den Menschen, ihre Bedürfnisse sehr effizient und umfassend zu befriedigen. Und die Menschen bilden, wie du ganz richtig beobachtet hast, dazu oft komplexe Organisationen, die sich ganz grob in Wirtschaftsunternehmen, staatliche Organisationen und Nichtwirtschafts- beziehungsweise Nichtregierungsorganisationen unterscheiden lassen.[40] Jede dieser Organisationen verfolgt bestimmte Ziele, wie beispielsweise die Betreuung des Nachwuchses, und verfügt über eine gewisse Struktur, innerhalb derer die Mitglieder zusammenarbeiten.[41] Die verschiedenen

Organisationen werden wir uns an einem der nächsten Abende noch intensiver ansehen, denn ihre Funktionsweise ist ein eigenes Thema für sich. Merke dir heute Abend einfach, dass Organisationen bestimmte Zwecke verfolgen[42] und dass die Menschen und ihre Organisationen durch die Arbeitsteilung eine höhere Sachkunde – von den Menschen auch als Professionalität bezeichnet – erlangen, als wenn jeder alle Tätigkeiten selbst ausüben muss. Dies führt für sie zu einer besseren Bedürfnisbefriedigung."

Jannis staunt: „Papa, das ist ja ganz schön schlau – und das funktioniert?"

Konradin nickt zustimmend: „Die Ergebnisse sind sehr beeindruckend, Jannis. Allein oder nur im Kreis ihrer Familie wäre es ihnen sicher nicht gelungen, die Maschinen zu entwickeln, mit denen sie wie wir Raben fliegen können. Oder sie hätten bestimmt nie die Fertigkeit erlangt, sich mithilfe von komplexen Maschinen und Methoden nach einem schweren Unfall wieder zu heilen, sodass sie dadurch mit die besten Überlebenschancen von allen Lebewesen haben.

Um eine solche Spezialisierung zu erlangen, haben die Menschen ein mehrgliedriges Ausbildungssystem entwickelt. Die Menschenkinder nehmen daran viele Jahre teil."

„Wow, eine so ausgeklügelte Zusammenarbeit ist beeindruckend!", krächzt Jannis.

„Die Herausforderung besteht darin, dass dabei meist zugleich gemeinsame und konkurrierende Interessen vorliegen.[43] Diese auszubalancieren, gelingt den Menschen unterschiedlich gut", doziert Konradin.

Jannis muss hier nachfragen: „Hilf mir, diese Herausforderung besser zu verstehen!" Und Konradin bemüht sich um ein anschauliches Beispiel aus dem Rabenalltag: „Wenn wir uns im Winter mit den benachbarten Raben abwechseln, auch im weiteren Umkreis nach Feldern zu suchen, die gerade frisch umgepflügt werden, haben wir das gemeinsame Interesse, trotz gefrorenen Bodens einfach an Würmer zu kommen. Wir stellen uns durch unsere Kooperation besser,[44] müssen uns aber darauf verlassen, dass uns der Rabe, der ein solches Feld findet, informiert, bevor er selbst zu fressen beginnt. Denn er hätte durchaus das Interesse, direkt mit dem Fressen zu beginnen, insbesondere dann, wenn es bald dunkel werden würde. Das nennt man dann Interessenkonflikt.

In meinen zahlreichen Studien über den Menschen konnte ich beobachten, dass menschliche Kooperation immer dann besonders gut funktioniert, wenn den Menschen der Nutzen der Kooperation bewusst ist und die Zusammenarbeit bestmöglich organisiert ist – idealerweise also dann, wenn die Gruppe nicht zu groß ist."

„Hast du dazu wieder ein Beispiel für mich?", bittet Jannis. Konradin muss kurz durchatmen, bevor er seinem wissbegierigen Sohn antwortet: „Ich gebe dir dazu ein ganz einfaches Beispiel. Wir lassen einmal die ganze Berufsvielfalt der Menschen außer Acht und nehmen an, die Menschen müssten nur für Nahrung gemeinsam sorgen.

Wir hätten außerdem eine Gruppe von zehn gesunden erwachsenen Menschen, von denen sich aber nur neun um die Nahrungsmittelbereitstellung kümmern, beispielsweise jeder um ein anderes Nahrungsmittel, da die Menschen unterschiedliche Nahrungsmittel schätzen. Und die zehnte Person würde sich nicht an der Beschaffung beteiligen, sondern sich einfach an den – von den anderen neun besorgten – Lebensmitteln bedienen. Was meinst du, wie die neun das finden würden?"

„Sicherlich nicht so toll", erwidert Jannis. „Sie würden diesen Menschen bitten, sich auch an der Beschaffung zu beteiligen." „Genau, Jannis. Und wenn dieser Mensch sich weigern und einfach weiter von den Nahrungsmitteln naschen würde, die die anderen besorgen?"
„Dann würden die anderen Menschen ihm dies sicher verbieten und ihn wegjagen", antwortet Jannis, „so wie wir einen Raben ausschließen würden, der direkt mit dem Fressen beginnt."

„Genau so ist es, mein Sohn. Damit Kooperation einwandfrei funktioniert, muss es – neben einer geeigneten Organisationsform – verbindliche Regeln geben, an die sich jeder hält, da sie zum Vorteil aller sind."

„Das heißt, das menschliche Zusammenleben ist ebenfalls über Regeln gesteuert?", fragt der junge Rabe nach. Wie ein Hochschullehrer doziert Konradin: „Sicher, Jannis. In Interaktionsbeziehungen braucht es Regeln; Lebewesen, die allein leben, benötigen sie nicht.[45]

Regeln und Normen unterstützen die Verfolgung gemeinsamer Interessen und erleichtern den Umgang mit unterschiedlichen Interessen. Die Menschen bezeichnen sie, wie gestern kurz erwähnt, als *fundamentale Institutionen*.[46] Regeln und Normen haben folglich den Anspruch auf Begründbarkeit[47] und bilden die Rahmenbedingungen für individuelles Verhalten beziehungsweise Handeln.

Sie können von Kultur zu Kultur verschieden sein und sich auch im Laufe der Zeit verändern, wie wir noch sehen werden."

„Aber Papa, wenn sich alle Menschen lieben würden, dann bräuchten sie doch keine Regeln; dann würden sie sich doch automatisch so verhalten, dass sie einander nicht enttäuschen, oder?"

Konradin muss über die Gedanken seines Sohns wieder schmunzeln, bevor er antworten kann: „Liebe ist sicherlich die stärkste Form von Zuneigung und Wertschätzung. Da sie aber ein Gefühl ist,[48] kann man nicht voraussetzen, dass es alle Menschen untereinander teilen. Das wäre ein sehr idealistischer Zustand. Gefühle lassen sich nicht erzwingen."

Der Einwand erscheint dem kleinen Raben nicht unvernünftig: „O.K., Papa. Ich verstehe; Regeln dienen als Absicherung, da sich nicht alle Menschen lieben. Das kommt halt davon, wenn man sich nicht nur mit seinen Familienmitgliedern und Freunden umgibt."

„Aber Jannis, hattest du mir nicht gerade beispielhaft erzählt, dass auch wir Raben Regeln haben. Warum haben wir unser Nest nicht weiter in Richtung des Sees im Park gebaut?" „Weil das das Revier des alten Raben Benjamin ist", krächzt Jannis. „Genau! Das heißt, wir beachten die Regel, nicht dort ein Nest zu bauen, wo schon ein anderes Rabennest ist, außer wir suchen Streit", resümiert Konradin.

„Wie kommen die Menschen zu ihren Regeln, Papa?", will Jannis wissen.

„So wie wir Raben, Jannis. Die Grundlage für Regeln und Normen sind gemeinsame Zielvorstellungen über das Zusammenleben. So eine Zielvorstellung kann beispielsweise sein, dass wir unsere eigenen Bedürfnisse befriedigen wollen, ohne dabei die der Mitlebewesen einzuschränken. Solche Grundsätze nennen die Menschen *Werte*."[49]

„Hast du mir nicht gestern erklärt, dass sich Menschen in Bezug auf ihre Werte unterscheiden, Papa?"

„Sehr gut aufgepasst, Jannis. Ein einzelner Mensch kann die gleichen Ziele haben wie eine Gruppe oder aber auch nicht. Neben den individuellen Werten, die auf den persönlichen Überzeugungen beruhen, haben die Menschen auch kollektive Werte, die auf gemeinsamen Erfahrungen basieren. An diesen kollektiven Werten richten die Menschen ihr Verhalten aus. Da Menschen immer gleichzeitig mehreren Gruppen angehören, beispielsweise ihrer Familie und der Gruppe der Arbeitskollegen, kann es hierbei zu unterschiedlichen Gewichtungen der Werte kommen."

Werte

„Was sind denn typisch menschliche Werte?", will der kleine Rabe als Nächstes wissen. „Mit dem Begriff *typisch*

musst du – wie du selbst erkannt hast – vorsichtig sein,
mein Sohn. Werte sind Entscheidungskriterien, die sich
aufgrund guter Problemlösungen im Laufe der Zeit – die
Menschen nennen es *evolutionär* – entwickelt haben[50]
und die deshalb nicht nur individuell, sondern auch regional divergieren können. In manchen Regionen sind kollektive Werte stärker verbreitet, in anderen Regionen in-
dividualistische Werte. Es ist kein bestimmter Grundwert
vorgegeben. Jeder kann selbst entscheiden, welche
Werte ihm wichtig sind und wie er sie untereinander ge-
wichtet."[51]

Der kleine Rabe unterbricht seinen zur Höchstform auflaufenden Vater: „Das war ein gutes Stichwort. Ist *Freiheit* ein verbreiteter Wert, Papa?"

Konradin, dessen Forschungsschwerpunkt die menschlichen Werte einschließt, erklärt: „Für viele Menschen ist
Freiheit sehr wichtig. Sie verstehen darunter die Möglichkeit, ‚ohne Zwang zwischen unterschiedlichen Möglichkeiten auswählen und entscheiden zu können'.[52] Für
diesen Personenkreis ist Freiheit ein individueller Wert,
da er ihr Selbstverständnis als freies – oder, wie manche
Menschen sagen, *autonomes* – Wesen widerspiegelt." „In
welchen Bereichen wollen denn die Menschen auswählen und entscheiden können?", fragt Jannis nach. „Prinzipiell in so ziemlich allen, die du dir vorstellen kannst, Jannis – angefangen bei den Nahrungsmitteln über ihre Tätigkeiten in ihrer arbeitsteiligen Welt bis hin zu der Mu-
sik, mit der sie morgens geweckt werden wollen. Die Bedeutung des Wertes Freiheit ist für die Menschen umso
stärker, je unfreier die Menschen in ihrer aktuellen Situation sind oder sich fühlen.

Bei uns in der Region genießen die Menschen, verglichen mit anderen Regionen auf der Welt, ein sehr hohes Maß an Freiheit, sodass es ihnen schon schwerfällt, sich überhaupt festzulegen – morgens am Kleiderschrank, mittags beim Blick auf die Speisekarte oder grundsätzlich bei ihrer Berufs- und Partnerwahl. Und trotzdem empfinden viele Menschen auch hier in der Region, dass sie nicht selbstbestimmt leben, da Familie, Beruf und Gesellschaft sie zu bestimmten Tätigkeiten verpflichten.“

<table>
<tr><td>Gerechtigkeit</td><td>

Jannis wird für einen Moment nachdenklich; ein Zuviel an Wahlmöglichkeiten hat er sich bislang nicht vorstellen können. Er genießt seine Freiheit, überall hinfliegen und spielen oder seinen Vater mit Fragen bombardieren zu können. Neugierig bohrt er weiter: „Welche Werte sind bei den Menschen noch verbreitet?“ Konradin erklärt ihm: „Die meisten wünschen sich, dass es auf der Welt gerecht zugeht, Jannis. Unter *Gerechtigkeit* verstehen die Menschen einen idealen Zustand des sozialen Miteinanders, in dem es einen angemessenen Ausgleich der Interessen und eine angemessene Verteilung von Gütern und Chancen gibt.[53] Neben einer tiefen Sehnsucht nach einem freien, selbstbestimmten Leben scheinen viele Menschen auch ein Gerechtigkeitsempfinden zu haben. Wenn du einen Menschen fragen würdest, wie die Verteilung von Rechten, Gütern und Chancen in der Welt geregelt sein sollte, unter der Vorgabe, dass er zunächst nicht seinen gesellschaftlichen Rang, seine Fähigkeiten, seine Gesundheit etc. kennt, würde er einer gleichmäßigen Verteilung den Vorzug gegenüber einer ungleichmäßigen geben.“[54]

</td></tr>
</table>

Diese Aussage muss Jannis erst einmal sacken lassen, bevor er sichtlich beeindruckt weiterfragt: „Papa, ist bei den Menschen die Sehnsucht nach Gerechtigkeit ebenfalls umso größer, je ungerechter sie ihre Welt empfinden – genauso wie beim Freiheitsempfinden?"

„Sicherlich ist sie auch davon abhängig. Ich erlebe jedoch auch Menschen, die deutlich mehr Rechte, Güter und Chancen als andere haben und die sich dabei unwohl fühlen, weil in ihren Augen der Grundsatz der Gerechtigkeit verletzt ist. Aus meinen Beobachtungen kann ich jedenfalls bestätigen, dass zu große Ungleichheit zu Spannungen zwischen den Menschen führt. Das kannst du zum Beispiel bei unseren Flügen aus der Luft erkennen. Die Menschen, die im Verhältnis zu anderen Menschen sehr viel besitzen, umgeben ihre Behausungen mit hohen Mauern – aus Furcht, dass ihnen ihre Mitmenschen etwas wegnehmen könnten."

Schmunzelnd fügt Konradin hinzu: „Hieran erkennst du, wie vernetzt viele Werte sind. Ungerechtigkeit verursacht Unfreiheit."

Und der weise Rabe fährt fort: „Beim Thema Gerechtigkeit kommt – zumindest indirekt – auch die weitverbreitete Vorstellung der *Gleichheit* der Menschen zum Ausdruck. Gemeint ist, dass jeder Mensch gleich geachtet werden sollte, egal welche Hautfarbe, welches Geschlecht, welche sexuelle Orientierung oder gesellschaftliche Stellung er hat." „Das ist doch wohl mal selbstverständlich, Papa!", krächzt Jannis. „Nichts ist bei den Menschen selbstverständlich, Jannis. So wie die Menschen andere Lebewesen besitzen wollen, möchten einige auch Mitmenschen besitzen. Durch das intensive Kämpfen um Gleichheit wird dieser Wert zunehmend Realität, zumindest bei uns in der Region. Leider sehe ich die Übertragung auf andere Lebewesen noch in weiter Ferne.

Gleichheit ist aber nicht zwangsläufig gerecht. Erinnere dich an unser heutiges Eingangsbeispiel der Nahrungsversorgung: Wenn ein gesunder Rabe/Mensch sich nicht an der Nahrungssuche beteiligt, aber den gleichen Nahrungsanteil einfordert und bekommt, ist dies ungerecht." Ohne Punkt und Komma redet Konradin weiter: „Der Gedanke der Gleichheit ist – bei den Menschen in unserer Region – wiederum eng verknüpft mit dem ebenfalls häufig verwendeten Begriff der *Würde*. Als typisches Merkmal der Menschen verstanden, bedeutet Würde, dass die Menschen in ihren Augen einen absoluten Wert für sich haben.[55] Neben dieser Interpretation als angeborene Eigenschaft kann mit dem Begriff *Würde* aber auch ein Gestaltungsauftrag gemeint sein.[56] Sprich: Die Menschen sollen sich so verhalten, dass auch ihren Mitmenschen ein würdevolles Leben möglich ist."

„Eine gute Vorstellung, aber warum soll sie nur auf unsere Region beschränkt sein?", unterbricht Jannis seinen Vater. „Die Erde ist einfach so groß, dass nicht jeder Wert ein universell anerkannter ist. Aber der Begriff der Würde entwickelt sich in meinen Augen dahin, dass er zunehmend auch global verstanden und akzeptiert wird", erklärt Konradin.

Jannis seufzt: „Doch leider beziehen die Menschen Würde nur auf andere Menschen. Ich habe noch keinen Menschen gesehen, der uns als Raben Würde attestiert.

Und schau nur, wie viele Menschen Tiere respektlos behandeln!" „Da hast du natürlich nicht ganz Unrecht, Jannis. Jedoch lässt auch der respektvolle Umgang untereinander in vielen Fällen zu wünschen übrig. Der Wert Würde bedeutet ja, dass es eine Zielvorstellung der Menschen ist, an der sie ihr Handeln ausrichten wollen, um sich dadurch insgesamt als Gemeinschaft besserzustellen. Je intensiver sie sich daran orientieren und sich gegenseitig würdevoll behandeln, desto schneller setzt sich hoffentlich bei ihnen die Erkenntnis durch, dass wir Raben und die übrigen Tiere genauso würdevoll behandelt werden wollen."

Und Konradin ergänzt den gängigen Wertekanon: „Auch *Solidarität* ist vielen Menschen ein wichtiger Wert. Gemeint ist damit die gegenseitige Unterstützung beziehungsweise die Verbundenheit mit Familie oder Unternehmen."[57]

Jannis nickt zustimmend: „Klingt einleuchtend. Ist *Vertrauen* bei den Menschen ein Wert, Papa?" Der weise Rabe doziert: „Ich würde sagen, eher eine Erwartung oder eine Ressource,[58] aber das war eine gute Frage, Jannis. Mit Vertrauen verhält es sich wie mit Luft: Wenn die Luft sauber ist, schenken wir ihr keine besondere Beachtung. Erst wenn die Luft verschmutzt ist, merken wir, dass unsere Erwartung nicht erfüllt wird. Ich würde es daher so formulieren: Eine gemeinsame Wertebasis wie Wohlwollen, Integrität und Kompetenz ist Voraussetzung für Vertrauen.[59]

Nun aber zurück zu deiner Frage, wie Regeln entstehen: Auf der Grundlage solcher Wertvorstellungen beziehungsweise durch die Abwägung unterschiedlicher Wertvorstellungen zueinander haben sich im Laufe der Zeit konkrete Rechte und Pflichten entwickelt, die das menschliche Individuum gegenüber seinen Mitmenschen und der menschlichen Gemeinschaft hat.

Voraussetzung für die Vereinbarung von Regeln ist – wie bei anderen Lebewesen auch – die Fähigkeit zur Kommunikation. Die Menschen haben ihre eigene Sprache, die es ihnen ermöglicht, sich über ihre Wertvorstellungen und deren Gewichtung auszutauschen und entsprechende Regeln für das Zusammenleben und für die Kooperation zu vereinbaren.

Obwohl ich die Menschen seit vielen Jahren beobachte, ist es mir noch nicht gelungen, ihre Sprache vollständig zu entschlüsseln, weil diese Sprache leider regional unterschiedlich ist. Etwas einfacher macht es für uns die menschliche Körpersprache, die auf der ganzen Welt ähnlich ist."

„Papa, könnte es nicht sein, dass ein Mensch, der mit den anderen Menschen nicht kooperiert, einfach nicht die Regeln mitbekommen hat?"

Konradin überlegt, wie er Jannis den Sachverhalt am besten erklären kann: „Ich sehe schon: Da will es einer ganz genau wissen. Ich will dir zunächst die verschiedenen Arten von Regeln erläutern. Wir werden noch sehen, wie sie im Detail zustande kommen.

Die Menschen unterscheiden zunächst einmal zwischen *informellen* und *formellen Regeln*. Die informellen Regeln werden durch Erziehung und Zugehörigkeit vermittelt, indem die Eltern ihren Kindern sagen, was sie dürfen und was nicht, und durch eigene Beobachtung.

Wenn wir erwachsene Menschen hier in der Region beim Essen beobachten, fällt auf, dass sie alle mit diesen glänzenden Gegenständen – die Menschen nennen sie *Besteck* – die Speisen zum Mund führen. Das bekommen die Kinder von ihren Eltern beigebracht und die meisten halten sich daran, obwohl es auch einmal nichts ausmachen würde, wenn die Menschen ihre Hände benutzen würden, um die Speisen zum Mund zu führen."

Da muss Jannis einhaken: „Aber Papa, die Menschen zerkleinern doch damit ihre Speisen und sie verschlucken sich dadurch nicht." „Hey, sehr gut beobachtet! Ja, auch diese informellen Regeln – wie beispielsweise beim Essen – haben ihren tieferen Sinn, genauso wie die formellen."

„Nenne mir ein Beispiel für formelle Regeln der Menschen, Papa!" Konradin schaut von der Schilderbrücke auf die viel befahrene Straße und antwortet: „Der Verkehr unter uns fließt relativ geordnet; das liegt an den formellen Regeln. Die Autos fahren jeweils auf der rechten Straßenseite – und siehst du dort die Wegkreuzung? Die Autos der Menschen stoppen, wenn die Lichter rot sind, und fahren, wenn sie grün sind. Das hat den Vorteil, dass sie sich in der Mitte nicht treffen und Menschen zu Fuß über die Kreuzung gehen können."

„Papa, die Regeln ergeben ebenfalls Sinn, keine Frage, aber warum sind es *formelle* Regeln?" Konradin überlegt: „Vermutlich wegen der stärkeren Konsequenzen, wenn sich Menschen nicht an diese Regeln halten. Wenn die Autos zusammenstoßen, sind sie kaputt. Und je nach Geschwindigkeit verletzen sich dabei die Menschen; sie können dabei sogar sterben. Das Gleiche gilt, wenn ein Mensch von einem Fortbewegungsmittel erfasst wird. Also ist es für die Menschen besonders wichtig, dass die Regeln von allen eingehalten werden. Ein Verstoß dagegen hat für die Menschen ganz andere Folgen.

Wenn ein Kind sich nicht an die informelle Regel hält, mit Besteck zu essen, wird es von seinen Eltern ermutigt, es damit doch zu versuchen, oder im Wiederholungsfalle ermahnt. Das ist aber von Familie zu Familie durchaus unterschiedlich. Nicht die informellen Regeln einer Gesellschaft zu befolgen, kann bei den Mitmenschen Unverständnis, im schlimmsten Fall Ausgrenzung, bewirken.

Wenn ein Fahrer eines Autos nicht an dem roten Lichtsignal anhält, wird er von einem Polizeiauto gestoppt, sofern eines in der Nähe ist und die Polizisten darin den Vorfall mitbekommen. Zwischen den Polizisten und dem Fahrer werden dann dünne Blätter ausgetauscht. Der Vorgang ist immer gleich. Ich konnte auch wiederholt beobachten, dass Autofahrer, die andere Menschen mit ihrem Auto verletzt haben, nicht mehr damit fahren dürfen; teilweise werden sie sogar in Behausungen mit dicken Mauern – sogenannten Gefängnissen – eingesperrt."

„Papa, das finde ich auch richtig so. Ich habe verstanden, dass formelle und informelle Regeln durch Erziehung weitergegeben beziehungsweise durch Beobachtung erlernt werden. Es ist also letzten Endes wie bei uns Raben. Und formelle Regeln werden wohl zusätzlich von den Polizisten stichprobenartig überwacht und haben etwas mit den weißen Blättern zu tun, die die Menschen als einzige Lebewesen verwenden?"

Konradin nickt: „Ja, Jannis, so erkläre ich mir das. Die formellen Regeln sind besonders verbindlich. In den Regionen, für die sie vereinbart wurden, hat jeder Mensch einen Anspruch auf die Einhaltung und die Pflicht, sich ebenfalls daran zu halten. Die Menschen nennen diesen Anspruch *Rechtsanspruch*. Beispiele für formelle Regeln, die wir uns noch genauer ansehen werden, sind *Gesetze* und *Verträge*. Ein Fehlverhalten gegen formelle Regeln hat stärkere Sanktionen zur Folge, als dies bei den informellen Regeln der Fall ist. Angemerkt sei, dass aus informellen Regeln selbstverständlich auch formelle Regeln werden können; dazu aber später mehr."

„Ist es nicht im Interesse der Menschen, sich an die Regeln zu halten? Warum braucht es Strafen?", will Jannis wissen.

„Wieder eine sehr gute Frage!", lobt Konradin seinen Sohn und erläutert: „Dass die in den Regeln festgelegten Rechte und Pflichten Zuspruch finden, heißt noch lange nicht, dass sie beachtet und eingehalten werden. Es gibt Regeln, die stellen alle Menschen – sprich: die Gemeinschaft – besser, wenn sich alle an die Regeln halten. Aber trotzdem hat ein einzelner Mensch manchmal einen Vorteil, wenn er sich nicht an die Regeln hält. Die Menschen nennen solche Regeln überwachungspflichtige Regeln."[60]

Jannis staunt und bittet um eine Erklärung: „Hast du dafür ein Beispiel für mich?"

„Schau dir die Straße unter uns für ihre Fortbewegungsmittel an, Jannis. Sie wird – soweit ich das nachvollziehen konnte – in dieser Region gemeinsam finanziert. Wie dies im Einzelnen abläuft, erläutere ich dir gerne noch an einem anderen Tag. Nur so viel vorab: Der einzelne Mensch hat einen Vorteil, wenn er sich nicht an der Finanzierung beteiligt, da er dann mehr Geld für seine privaten Interessen zur Verfügung hat. Wenn aber alle so denken würden, würde es keine Straßen geben."

„Ich verstehe. Papa. Hier muss es also eine Kontrolle geben, ob sich alle daran beteiligen. Und die, die das nicht tun, erhalten Strafen." Konradin nickt: „Genau so ist es, Jannis. Die Überwachung erfolgt oft stichprobenartig. Allgemein kann man sagen: Je aufwändiger die Überwachung und Durchsetzung und je geringer die Wahrscheinlichkeit, dass Verstöße gegen die formelle Regel bestraft werden, ist, umso schwieriger ist es, die Einhaltung der Regeln sicherzustellen.[61] Wichtig ist, dass die Gesetze überwacht werden. Ich habe auf meinen zahlreichen Reisen festgestellt, dass in Regionen, in denen formelle Regeln nur auf Blättern stehen, aber niemand für ihre Einhaltung sorgt, sehr viel Hunger und Gewalt herrscht." „Das ist ja schrecklich, Papa!", krächzt Jannis. „Ja, da hast du recht. Das ist in der Tat nicht schön anzusehen. Daran siehst du einmal mehr die Bedeutung von Überwachung und Bestrafung bei Nichteinhaltung."

Jannis hört gar nicht mehr auf, zu fragen: „Und was wären Regeln, die nicht überwacht werden müssen?" „Damit sind Regeln gemeint, an die sich die Menschen immer halten, weil sie sonst unmittelbar die Nachteile spüren würden. Ein Beispiel sind die Regeln zum Satzbau in der menschlichen Sprache. Die Menschen, die sich nicht an sie halten, werden von ihren Mitmenschen nicht verstanden und werden schleunigst die Satzbauregeln berücksichtigen, wenn sie von ihren Mitmenschen verstanden werden möchten."[62]

Konradin wartet, bis ein lautes Motorrad unter ihnen vorbeigerast ist; dann fährt er fort: „Gute Regeln zu machen, kann sehr anspruchsvoll sein. Gerade fundamentale Regeln entstehen oftmals in einem langsam fortschreitenden – die Menschen sagen evolutionären – Prozess.[63]
Ich denke, du verstehst nun den Einfluss von sozialen Normen auf das menschliche Verhalten. Der *soziale Einfluss* war eine der vier Kräfte in dem Kräfteviereck, das ich dir gestern zur Veranschaulichung skizziert habe. Normen und Regeln tragen zur Koordination bei, indem sie bestimmte Handlungen vorschreiben oder ausschließen.[64]"
Jannis nickt: „Ich denke, das habe ich verstanden, Papa. Ich habe heute von dir über das menschliche Zusammenleben gelernt, dass Menschen intensiv kooperieren und dass ihr Zusammenleben von Regeln bestimmt wird, die auf Werten beruhen. Gibt es auch *Unterschiede* beim menschlichen Zusammenleben?"
„Eine berechtigte Frage, Jannis. Die Unterschiede zwischen menschlichen Gruppen sind wesentlich geringer,

Unterschiede

als es der Unterschied zwischen menschlichen Individuen ist.[65]

Zielvorstellungen und aus ihnen abgeleitete Normen und Regeln mögen sich regional oder hinsichtlich ihrer Verbindlichkeit unterscheiden, aber mir fallen keine Gruppen ein, die ohne sie auskommen. Ähnlich verhält es sich mit den Organisationsformen. Ein Mindestmaß an Strukturierung findest du bei menschlichen Gruppen auf der ganzen Welt.

Unabhängig von formellen Normen und Regeln möchte ich festhalten, dass die Gruppe informell einen enormen Einfluss auf das Individuum hat. Die Orientierung an anderen Menschen ist aufgrund der erläuterten Bedürfnisse nach Sicherheit, Zugehörigkeit, Liebe und Selbstwert bei den Menschen stark ausgeprägt und erfolgt nicht ausschließlich freiwillig."

Aufgeregt krächzt Jannis: „Papa, gerade heute konnte ich eine Gruppe junger Menschen bei uns im Park beobachten, die sich über einen Jugendlichen lustig gemacht hat, weil er eine weniger weit geschnittene Hose um die Beine trug. Hat das mit diesem Einfluss zu tun?"

„Aufmerksam beobachtet, Jannis. Die weiter geschnittenen Hosen sind derzeit bei den Jugendlichen angesagt. Das Gruppenverhalten geht bei den Menschen so weit, dass sich Gruppen kleidungsmäßig anpassen und Menschen allein aufgrund der Tatsache, dass sie dies nicht mitmachen, zu Außenseitern werden können.

Dass alle dieselbe Art von Kleidung tragen, trägt zur Identifikation mit der Gruppe bei. Auf deinen Flügen kannst du dies auch an anderer Stelle beobachten. Viele menschliche Betätigungsfelder haben so etwas wie eine Berufskleidung. Die meisten Menschen halten sich an eine entsprechende Kleiderordnung, auch wenn diese nicht verbindlich vorgeschrieben ist – sei es, um ihre Zugehörigkeit zu symbolisieren oder, wie von dir bereits bei den Jugendlichen beobachtet, um nicht ausgegrenzt zu werden."

Und tatsächlich hat Jannis schon entsprechende Beobachtungen gemacht: „Mir fällt auf, Papa, dass unter der Woche morgens und abends relativ viele Menschen dunklere Kleidung tragen. Die Menschen, die diese tragen, wirken oft besonders gehetzt." „Sehr gut, Jannis. Menschen, deren Kleider farblich wie das Gefieder von Pinguinen aussehen – die Menschen nennen sie *Anzüge* –, arbeiten meistens in den großen, hohen Behausungen." Jannis lacht: „Die Menschen verhalten sich wie Chamäleons. Das ist witzig, Papa." „Nein, menschlich", korrigiert der Wissenschaftler in Konradin seinen Sohn und ergänzt: „Der Chamäleoneffekt oder *Konformitätsdruck*[66] – wie es die Menschen nennen würden – birgt hohe Risiken, wie du am Beispiel des Jugendlichen im Park sehen konntest.

Wenn wir uns anpassen, führt das dazu, dass wir unsere Bedürfnisse häufig besser befriedigen können. Das ist ein Vorteil. Es gibt aber auch Nachteile durch eben dieses angepasste Verhalten und zu großes Harmoniebedürfnis." Der kleine Rabe stöhnt, da sich ihm der Zusammenhang nicht erschließt: „Das musst du mir genauer erläutern, Papa." Da es einem Wissenschaftler schwerfällt, sich kurzzufassen, holt Konradin etwas weiter aus: „Aber

Konformitäts-
druck

Gruppendenken

gerne. Menschen neigen dazu, sich nicht nur kleidermä-
ßig anzupassen. Wenn sich Menschen beispielsweise
auch bei ihren Meinungen anpassen, besteht die Gefahr,
dass sie Einstellungen übernehmen, ohne wirklich über
sie nachzudenken und sich so vorgefasste Meinungen
gegenüber anderen Individuen und Gruppen verstärken
und verbreiten können.[67] Dies ist natürlich besonders
schlimm, wenn sich diese Einstellungen im Nachhinein
als falsch erweisen.

Gruppen neigen zum Streben nach Übereinstimmung,
wie du am Beispiel der Kleidung sehen kannst. Bei der
Beurteilung und der Lösung von Problemen kann dies zu
Fehlentscheidungen führen.

Gruppendenken kann zu Selbstüberschätzung führen,
weil man sich mit seiner Meinung nicht alleine fühlt. Genauso kann Gruppendenken dazu führen, dass auf Ab-
weichler mit eigentlich sinnvollen Einwänden Druck ausgeübt wird und Denkverbote erteilt werden. Wenn nun in
einem Konflikt nach einer Lösung gesucht wird, besteht
dadurch die Gefahr, sich vorschnell auf eine Lösung festzulegen, ohne dass Alternativen ausreichend geprüft, Risiken nicht offen diskutiert werden und sich die Gruppe
dadurch insgesamt schlechter stellt.[68]

Dass Menschen ihre Meinung an die vorherrschende
Gruppenmeinung anpassen, führt meiner Meinung nach
zu Intoleranz und trägt zur Entstehung von Gewalt und
Fanatismus bei."

„Was verstehst du unter *Intoleranz* und *Fanatismus*?", unterbricht Jannis seinen Vater.

„Mit Intoleranz ist die rigorose Ablehnung von anderen Sichtweisen gemeint, Jannis. Und Fanatismus ist die Steigerung davon, er schreckt auch nicht vor Gewalt zurück. Fanatiker hassen andere Gruppen so sehr, dass sie vermeintlich andersdenkende Menschen ausrotten möchten und dies auch tun. Durch die auferlegten Denkverbote werden alle natürlichen Mechanismen außer Kraft gesetzt, diesen Horror zu stoppen. Es beginnt eine tödliche Spirale der Gewalt, weil das Individuum seine Verantwortung an die Gruppe abgibt.“

Jannis erschrickt: „Können die Menschen gegen Intoleranz oder gar Fanatismus etwas tun, Papa?“ Konradin kann seinen Sohn beruhigen: „Ja. Jannis. Beispielsweise könnten sie ganz bewusst ein Gruppenmitglied auswählen und beauftragen, den *Advocatus Diaboli* zu spielen, um dem Automatismus der Gedankenkonformität vorzubeugen. Die Aufgabe des Advocatus Diaboli ist es, die bisherigen Lösungen kritisch und sachlich infrage zu stellen und weitere Sichtweisen zu fördern. Im Idealfall ist bei jedem Problem dann ein anderer der Advocatus Diaboli.“[69]

Konradin möchte seinem Sohn noch einen weiteren Nachteil des sozialen Einflusses auf das menschliche Individuum aufzeigen: „Wenn sich der Einzelne dem Gruppenkonsens unterordnen soll, wird dessen persönliche Freiheit oftmals nicht unerheblich eingeschränkt. Stell dir dazu eine Familie vor, bei der seit Jahrhunderten die Familienmitglieder ein bestimmtes Handwerk ausgeübt haben, und der Nachwuchs möchte lieber einen anderen Beruf ausüben.“

Jannis kann sich den Druck, den die Familie auf den Nachwuchs ausüben wird, sehr gut ausmalen und nickt bedächtig: „O.K., Papa. Ich habe verstanden, dass auch bei den Menschen Regeln für das menschliche Zusammenleben wichtig sind und dass sich die Menschen gegenseitig in ihrem Verhalten beeinflussen.

Das war jetzt ziemlich viel. Hast du hier wieder eine Merkhilfe für mich?"

Konradin überlegt einen Moment, bevor er antwortet: „Von unseren Reisen in den Norden[1] kennst du doch Eisberge. Der Eisberg veranschaulicht ganz gut, wie das Zusammenlebens der Menschen innerhalb einer Gruppe, Organisation oder Gemeinschaft organisiert ist."
Ungläubig schaut Jannis seinen Vater an, der unbeirrt fortfährt: „Der Eisberg hat – laut unseren gefiederten Verwandten, die sehr tief tauchen können – einen riesengroßen Rumpf, der unter Wasser liegt.
Dieser Teil symbolisiert die Einstellungen – also Überzeugungen und Gefühle –, die Werte und die Grundregeln einer Gruppe, Organisation oder Gemeinschaft. Zusammen mit den gemeinsamen Erwartungen und den persönlichen Beziehungen bilden sie das Fundament für den oberen Teil. Außenstehenden Menschen, die nicht Teil dieser Einheit sind, bleiben die Aspekte des Rumpfes verborgen.
Der Teil, der aus dem Wasser herausragt, beinhaltet die aus den Werten und Grundregeln abgeleiteten formellen Regeln und Gesetze. Das sind die Regeln, die auf weißen Blättern stehen. Darüber hinaus sind die sichtbaren

Organisationsformen dort zu finden. Die werde ich dir an den nächsten Abenden näher erläutern.

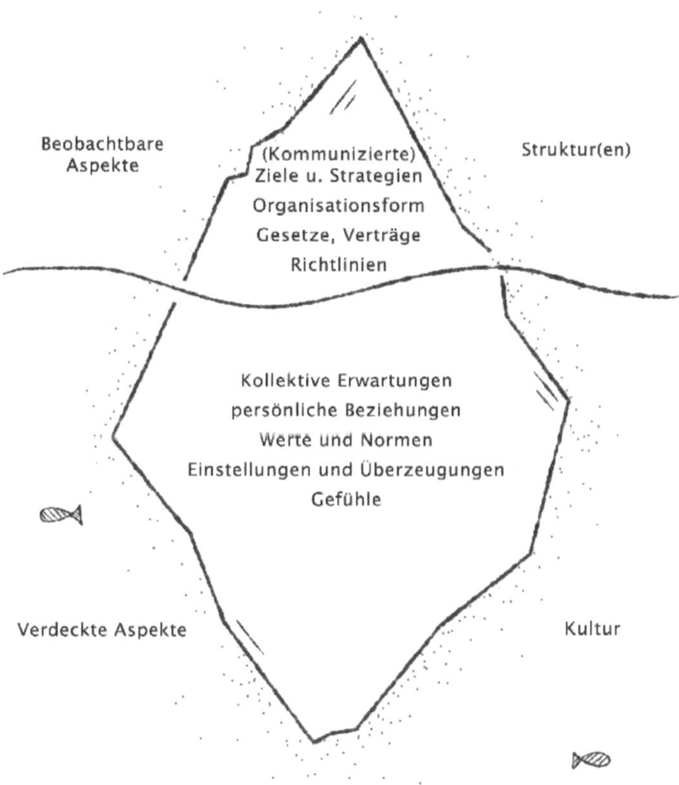

Eisberg-Modell[70], von Konradin nachträglich in den Sand gepickt

Die Spitze des Eisbergs bilden die Ziele einer Organisation beziehungsweise einer Gesellschaft."
Jannis unterbricht Konradin, denn er beginnt zu verstehen, was ihm sein Vater skizziert: „Lass mich raten, Papa: Wenn das individuelle Ziel jedes Menschen vorrangig in der Befriedigung seiner Bedürfnisse liegt, kann ich dann

daraus schließen, dass das vorrangige Ziel der Gemeinschaft darin bestehen muss, allen Menschen dies zu ermöglichen?"

„Mein Sohn, du hast wirklich gut aufgepasst; das kann
man so formulieren. Die menschlichen Gemeinschaften
tragen im Idealfall dafür Sorge und nennen die Ziele dann
beispielsweise *Gemeinwohl zu mehren* und *Frieden zu bewahren*, wobei diese – wie erwähnt – nicht für alle Organisationen und Gesellschaften auf der ganzen Welt
gleich sind, sondern sich voneinander unterscheiden
können. Dazu an einem anderen Abend mehr."
Und Konradin fährt fort: „Wenn die Zielerreichung – in
Analogie zu unseren Flügen – erfolgreich sein soll, lohnt
es, sich vorher über die Route zum Ziel Gedanken zu machen, um nicht die falsche einzuschlagen. Die Menschen
nennen dies Plan oder auch Strategie zur Zielerreichung."
„Ich verstehe, Papa: Dann ist Kooperation die von den
Menschen gewählte Strategie?" Konradin nickt: „Genau
so ist es. Natürlich gibt es noch entsprechende Un-
terstrategien und es bedarf entsprechender Organisationsstrukturen und weiterer Institutionen. Dazu ebenfalls
an einem anderen Abend mehr."

„Und die informellen Regeln bilden das Fundament?"
„Sehr gut, Jannis, zusammen mit den Überzeugungen,
Gefühlen und Wertvorstellungen." „Papa, warum ist der
Eisberg keine Pyramide?" Konradin antwortet schmun-
zelnd: „Weil die informellen Regeln und Einstellungen –
wie eingangs erläutert – nicht auf den weißen Blättern

niedergeschrieben zu sein scheinen. Die Menschen können sie somit nirgends nachlesen. Sie sind damit für sie unsichtbar, wie der größte Teil eines Eisbergs für Menschen und Raben unsichtbar ist. Trotzdem sind die informellen Regeln von großer Bedeutung, da aus ihnen die formellen abgeleitet werden und die Wertvorstellungen Auswirkungen auf die Ziele und die Strategie haben können.

Aufgrund der enormen Größe des unteren Teils besteht bei Eisbergen die Kollisionsgefahr unter der Wasseroberfläche, wenn zwei Eisberge aneinander vorbeitreiben. Ähnlich verhält es sich bei den informellen Regeln der Menschen, wenn sie interagieren. Aus den konsensfähigen Werten wurden für den Alltag Regeln und Gesetze erlassen. Der einzelne Mensch mag zwar die Vorteile eines Wertes wie *Gleichheit* für die Gemeinschaft nachvollziehen können, sich aber trotzdem im Alltag nicht an ihm orientieren, weil er den Vorteil in der einzelnen Situation nicht augenblicklich sieht, sodass es zu Spannungen zwischen Menschen kommen kann."
Die Dämmerung setzt langsam ein und so fragt Konradin seinen Sohn abschließend:

„Was hast du heute am zweiten Abend über den Menschen gelernt, Jannis?"

Jannis holt tief Luft und referiert über das erworbene Wissen, fast schon wie sein Vater: „Um ihre Bedürfnisse zu befriedigen, kooperieren die Menschen sehr stark. Damit die Zusammenarbeit einwandfrei funktioniert, braucht es verbindliche Normen und Regeln. Diese beruhen – wie bei uns Raben – auf gemeinsamen Zielvorstellungen, den Werten. Fast alle Werte kreisen letzten Endes um den Gedanken, die eigenen Bedürfnisse zu befriedigen, ohne die der anderen einzuschränken." „Wunderbar!", applaudiert Konradin. „Du wirst wie ich ein exzellenter Menschenwissenschaftler." Dann ergänzt er Jannis' Ausführungen inhaltlich: „Die Menschen nennen den von dir beschriebenen Gedanken *nachhaltige* Bedürfnisbefriedigung."

Jannis muss warten, bis Konradin kurz die Stimme senkt, um selbst weiter fortfahren zu können: „Aufgrund der Konsequenzen unterscheiden die Menschen zwischen formellen und informellen Regeln. Informelle Regeln werden durch Erziehung und Beobachten erlernt, formelle können die Menschen darüber hinaus nachlesen. Bei ihnen besteht ein Rechtsanspruch; sie sind besonders verbindlich.

Auch wenn die Menschen von ihrer Zusammenarbeit profitieren, gibt es neben selbsterhaltenden Regeln noch weitere Regeln, die von der Gemeinschaft überwacht werden müssen, da der Einzelne einen Vorteil haben kann, sich nicht an die Regeln zu halten.

Ich bin darüber erschrocken, dass die starke Orientierung des Menschen an seinen Mitmenschen für ihn auch Risiken birgt, beispielsweise, wenn er eine abweichende Meinung zur Gruppe vertritt. Im schlimmsten Fall wird er von den Gruppenmitgliedern verachtet oder sogar verstoßen. Streit und Ärger kann es aber nicht nur zwischen einzelnen Menschen, sondern auch zwischen Gruppen geben."

Konradin ist einmal mehr auf seinen Sohn stolz: „Sehr gut auf den Punkt gebracht, Jannis! Lass uns zu unserem Schlafplatz fliegen! Morgen werden wir deine nächste Frage betrachten." Jannis merkt auf einmal, wie müde er ist, und freut sich, das Gelernte während des Schlafs noch einmal verarbeiten zu können. Er fliegt seinem Vater zur hohen Kastanie im Park hinterher, in deren Krone sie zusammen mit seiner Mutter nächtigen.

Kapitel 3

Warum sammeln die Menschen nicht nur Nahrung?

Konradin und Jannis haben den Tag über viele Stunden gemeinsam mit anderen Raben auf einem nahe gelegenen Feld verbracht. Ein Landwirt hatte es frisch umgepflügt, sodass es ein leichtes Spiel für sie war, sich an Regenwürmern satt zu essen.

„So, Jannis, heute hatten wir wieder einen langen Tag in unserem Revier mit vielen tollen Flugmanövern und Glück bei der Suche nach Leckerbissen. Lass uns jetzt auf einen hohen Ast setzen, um die streunenden Katzen im Blick zu behalten und weiter über das menschliche Verhalten zu reden! Um welches Thema soll es denn heute gehen?"
Jannis muss nicht lange darüber nachgrübeln, was er wissen möchte: „Papa, warum haben die Menschen hier in der Region so viel von all den Gegenständen? Ich habe den Eindruck, dass es allein von den Autos über hundert verschiedene Sorten gibt."

Papa Konradin ist erstaunt über die Schätzung seines Sohns: „Klasse, präzise beobachtet! Um dir diese Frage zu beantworten, muss ich etwas weiter ausholen: Wie du schon mitbekommen hast, kümmern sich die meisten Menschen nicht direkt um die Nahrungssuche, sondern

Zweck des Wirtschaftens

teilen sich die zu erledigenden Arbeiten untereinander auf.

Die Menschen möchten – neben den Gütern, die ihnen die Natur gibt, und Bedürfnissen wie Sicherheit, die sie sich gemeinschaftlich organisieren – noch all die vielen kleinen und großen Gegenstände haben, die du in ihren Behausungen siehst. Und natürlich die zahlreichen Gegenstände, mit denen sie sich fortbewegen oder mit denen sie neue Gegenstände in ihre Behausungen transportieren."

„Ja, Papa, und die Kleidung die sie an sich tragen, um ihren Körper zu bedecken – in allen Längen, Farben und Mustern. Teilweise tragen sie die sogar übereinander; ihr Körper scheint sie nicht besonders gut warm zu halten."

Konradin bestätigt Jannis' Beobachtungen: „Du hast recht: Für kalte Temperaturen ist ihr Körper bei Weitem nicht ausreichend isoliert. Die Menschen möchten auch nicht, dass er nass wird, außer beim Waschen und Schwimmen. Zudem scheint er ihnen farblich nicht besonders zu gefallen. Während die Spatzen ihr grau-braunes Gefieder akzeptieren, die Meisen ihr grünliches und wir Raben unser schwarzes, versuchen die Menschen, ihr farbliches Aussehen bewusst zu verändern." Und Konradin fährt fort: „Dieser körperliche Nachteil und die Unzufriedenheit mit ihrem farblichen Aussehen sind aber nur zwei Ursachen für die Vielfalt und die Menge der Güter, die sie ihr Eigentum nennen wollen. Während wir uns mit *einem* Nest zufriedengeben, haben die Menschen keine Probleme damit, mehrere Behausungen gleichzeitig ihr Eigen zu nennen, auch wenn das sicher die extremste Variante ist. Die Menschen empfinden permanent

Knappheit an Gütern und Unterstützung – Letztere bezeichnen sie gerne als Dienstleistung.[71] Wie Raupen sind sie wahre *Nimmersatts*. Im Gegensatz zu Raupen bezieht sich ihr Hunger aber nicht allein auf Nahrung. Und ihre Fähigkeit zur Arbeitsteilung ermöglicht es ihnen, nicht nur viele Bedürfnisse effizient zu befriedigen, sondern auch neue Wünsche zu wecken."

Verwundert fragt der kleine Rabe: „Wie geht denn das, Papa?" Konradin antwortet vergnügt: „Dies funktioniert beispielsweise mithilfe der sogenannten *Marktwirtschaft*, mein Sohn. Dies ist eine spezielle Wirtschaftsform, die zum einen dadurch gekennzeichnet ist, dass Menschen Eigentum an Grund und Boden sowie an Gegenständen besitzen können. Das heißt, in der Regel können sie nicht einfach so wie wir die Früchte vom nächsten Baum oder Feld pflücken, es sei denn, sie sind der Eigentümer und haben damit das Recht dazu oder, wie die Menschen es auch nennen, die alleinige Verfügungsgewalt." „Ah, ist das der Grund, warum sie uns Raben manchmal ebenfalls von den Beeren wegjagen?", folgert Jannis. Konradin muss lachen, bevor er fortfährt: „Genau, sie denken, sie sind alleiniger Eigentümer der Beeren.

Zum anderen ist die Marktwirtschaft durch einen Tauschplatz – den sogenannten Markt – gekennzeichnet. Diesen benötigen die Menschen, da sie sich aufgrund ihrer Arbeitsteilung ja überwiegend nicht selbst versorgen." Und Konradin präzisiert: „Während sich beispielsweise einige Menschen um die Versorgung mit Lebensmitteln kümmern, kümmern sich andere um die

Produktion von Fahrzeugen, die ihnen eine schnellere und ermüdungsfreiere Fortbewegung als zu Fuß ermöglichen.

In der Regel gibt es zu allen Produkten und Dienstleistungen mehrere Produzenten, die *Angebote* machen, und mehrere Konsumenten, die eine entsprechende *Nachfrage* haben." „Bitte was?", krächzt Jannis. Konradin erklärt: „*Produzenten* sind Menschen oder Gruppen von Menschen, die für ihre Mitmenschen Nahrung oder sonstige Gegenstände bereitstellen; die Menschen sagen *produzieren*. Und *Konsumenten* können ebenfalls einzelne Menschen oder menschliche Gemeinschaften sein, die diese Produkte nutzen; die Menschen sprechen von *konsumieren*.

Zunächst haben die Menschen Produkte und Dienstleistungen untereinander getauscht, also beispielsweise Nahrung gegen Unterstützung beim Bau der Behausungen. Da es mittlerweile sehr viele Gütern und Dienstleistungen gibt, die zudem häufig nicht von einem Menschen alleine hergestellt werden, erfolgt der Austausch durch das Bezahlen von Geld. Das sind von den Menschen gefertigte Blätter oder runde Metallstücke, die immer gleich aussehen und mit Zeichen versehen sind und somit den Tausch vereinfachen." „Wow, das ist aber schlau! Was passiert, wenn für ein Produkt oder eine Dienstleistung mehr Nachfrage als Angebot vorhanden ist?", will Jannis wissen. „Respekt, selbst bei den Begriffen hast du sehr gut aufgepasst! Dann steigt so lange sein Preis, bis wieder ein Gleichgewicht zwischen Angebot und Nachfrage besteht", erklärt Konradin.

„Was ist, wenn es nur einen oder wenige Produzenten gibt?", fragt der junge Rabe nach, schon sicher die volkswirtschaftlichen Begriffe des Vaters verwendend. „Die Experten unter den Menschen sprechen in diesem Fall von Monopol bei *einem* beziehungsweise von Oligopol bei *wenigen* Produzenten. Zum Schutz der Verbraucher vor zu hohen Preisen versuchen die Menschen, Monopole zu vermeiden. Sie machen dies beispielsweise mithilfe von Regeln, die Preisabsprachen oder einen Zusammenschluss von sehr großen Produzenten verbieten. Unternehmen hingegen versuchen, eine gewisse Marktmacht, also eine Monopolstellung, zu erlangen, die es ihnen erlaubt, höhere Preise zu verlangen."

„Papa, habe ich dich richtig verstanden, dass die Aufgabe der Wirtschaft die ist, dafür zu sorgen, dass keine Knappheit an Gütern herrscht?"[72] folgert Jannis.

„Genau so ist es. Die Menschen verstehen unter Wirtschaften die Beseitigung von Knappheit. Sonderfall sind die immateriellen Güter wie beispielsweise Sicherheit, die der Staat – zumindest hier bei uns in der Region – bereitstellt. Auch Güter der Allgemeinheit wie Flüsse, Küsten oder Wälder, die die Menschen gemeinsam verwalten, da sie hier in der Region sehr häufig nicht im Eigentum einzelner Familien sind, sind ein Sonderfall. Aber darauf gehe ich an einem anderen Abend näher ein."
Konradin ist mit seinen Erläuterungen zur Marktwirtschaft noch nicht am Ende: „Neben Eigentum, Tausch und dem Zahlungsmittel Geld ist *Wettbewerb* ein grund-

Wettbewerb

legendes Merkmal der Marktwirtschaft. Bei dieser Wirtschaftsform wird niemandem vorgeschrieben, welche Produkte er produzieren beziehungsweise welche Dienstleistungen er zur Verfügung stellen soll. Das bedeutet, die Produzenten müssen die Bedürfnisse der Konsumenten sowie die Angebote der Mitbewerber richtig einschätzen, um zu entscheiden, was sie anbieten wollen.

Nützliche Produkte und Dienstleistungen erzeugen Nachfrage; weniger nützliche oder bereits existierende ohne Zusatznutzen finden nur dann einen Abnehmer, wenn sie günstiger oder in einer besseren Qualität angeboten werden als die Produkte und Dienstleistungen der Mitbewerber. Durch diesen Mechanismus konnte ich in den vergangenen Jahren unter anderem beobachten, wie die lauten Autos immer leiser und sicherer wurden und sogar immer weniger stanken.

Aber ich wundere mich auch immer wieder, dass allein eine neue Farbe oder eine geänderte Form – die Menschen sagen dazu auch neues Design – für viele Menschen einen Zusatznutzen darzustellen scheint, sodass sie ein Produkt wie beispielsweise ein Auto erneut kaufen, obwohl ihr altes noch funktioniert. Wichtig ist in diesem Fall nur, dass das Produkt auch als neu erkennbar ist."

Jannis strahlt, da er sein erworbenes Wissen bereits anwenden kann: „Du hast mir vorgestern erklärt, dass die Menschen dadurch auch ihr Bedürfnis nach Selbstwert stillen können." „Ja, ganz genau", lobt Konradin Jannis. „Besondere Lebensmittel, Produkte und Dienstleistungen – die Menschen nennen sie *exklusive* – ermöglichen es ihnen, sich von anderen zu unterscheiden und ihr Bedürfnis nach Individualität, Status und Prestige zu befriedigen." Der kleine Rabe muss lachen: „Die Menschen überraschen mich immer wieder aufs Neue. Abgrenzung durch exklusive Lebensmittel – Wahnsinn! Aber wenn es ihnen hilft, kann ich damit leben, solange sie nicht auf die Idee kommen, uns Raben als exklusive Lebensmittel zu betrachten." Schmunzelnd antwortet Konradin: „Da hast du recht, mein Sohn. Beobachte mal, wie zufrieden Menschen wirken, wenn sie mit Einkaufstüten aus Läden herauskommen. Dank intensivem Anpreisen – die Menschen bezeichnen dieses als Marketing – werden bereits kleinen Menschenkindern neue und exklusive Produkte schmackhaft gemacht.

Menschen kaufen Produkte jedoch nicht nur zur Abgrenzung, sondern auch, um ihre Zugehörigkeit zu bekennen. Ich habe dir gestern ja auch den Chamäleoneffekt erklärt.

Ist damit deine Frage, wie es den Menschen gelingt, neue Wünsche zu wecken, beantwortet?"

„Ja, danke, ich lerne dazu. Ich kannte bislang nur Knappheit an Nahrungsmitteln. Ich bin nach wie vor erstaunt, dass die Menschen mit all dem Zeug neben dem erkennbaren praktischen Nutzen auch ihr Bedürfnis nach Selbstwert oder Zugehörigkeit befriedigen können. Ich glaube, das kommt davon, wenn man sich nicht untereinander genügend wertschätzt und sich deshalb zahlreiche Alternativen zur Bedürfnisbefriedigung suchen muss.

Aber sei's drum – ich finde die Autos der Menschen immer noch zu laut. Ich hoffe, dass der scheinbar mit der

Marktwirtschaft verbundene Fortschritt anhält. Dann gelingt es den Menschen hoffentlich, die Fahrzeuge ganz leise und geruchsfrei hinzubekommen; auch wenn ich feststelle, dass sie bei uns in der Region, verglichen mit vielen anderen Gegenden, schon ziemlich weit damit vorangekommen sind. Das gefällt mir zum Beispiel an der Marktwirtschaft."

Dann wird Jannis' Miene ernster: „Was mir aber nicht gefällt, ist, dass viele Menschen Gegenstände erneut kaufen, selbst wenn sich beispielsweise nur die Farbe geändert hat und die vorherigen noch funktionieren. Eigentlich dürften die Menschen bei uns in der Region überhaupt keine Knappheit mehr spüren – so viel Kram, wie sie haben." Jannis schöpft kurz Atem; dann krächzt er weiter: „Du hast mir erklärt, dass Bedürfnisbefriedigung nicht ewig anhält. Wenn die Menschen ihr Selbstwert- und Zugehörigkeitsgefühl durch den Erwerb von all dem Zeug befriedigen und laufend neu konsumieren müssen, statt sich einfach untereinander genügend wertzuschätzen, trägt das massiv zur Verschmutzung der Erde bei!"

Sein Vater nickt zustimmend: „Da hast du recht, Jannis. Einerseits können wir froh sein, dass nur die Menschen so wirtschaften und nicht noch weitere Lebewesen; andererseits ist es besorgniserregend, wie viel Fläche sie beanspruchen und wie sehr sie die Umwelt verschmutzen. Um all die Güter zu produzieren, benötigen die Menschen Unmengen an Rohstoffen – nicht nur als Ausgangsmaterial für die Produkte, sondern insbesondere auch als Energiequellen für die Herstellung und den Betrieb. Sie tun sich nämlich deutlich schwerer als wir Raben, den Wind als Antrieb zu nutzen. Sie verbrennen

Unmengen an Bäumen und fossilen Brennstoffen, die sie im Boden finden, und ich habe den Eindruck, dass dabei nicht nur die Luft verschmutzt wird, sondern sie auch immer stärker erwärmt wird. Ich hoffe ebenfalls, dass die einsetzende Erkenntnis der Menschen anhält, dass es für sie und die Umwelt besser ist, ihre Bedürfnisse umweltschonender zu befriedigen.

Auch bin ich skeptisch, ob es allen Menschen gelingen wird, sich intensiver wertzuschätzen. Aus meinen Beobachtungen heraus würde ich eher darauf vertrauen, dass sie weltweit beginnen, den Abfall wiederzuverwerten. Ihre technischen Fähigkeiten scheinen häufig ausgeprägter zu sein als ihre sozialen."

Jannis meldet sich zu Wort: „Können Anbieter den Preis frei bestimmen, wenn sie ein Produkt haben, das sonst niemand anbietet?" Sein Vater freut sich über die nicht nachlassende Neugierde: „Ja, ganz exakt Jannis. Es macht mir richtig Spaß, dir das Wirtschaften der Menschen zu erklären. Der Anbieter wird schauen, dass der Preis über den *Produktionskosten* – das sind die Material- und Personalkosten sowie die sonstigen Aufwendungen für die Herstellung – liegt. Darüber hinaus will der Anbieter einen *Gewinn* erwirtschaften, der natürlich einerseits möglichst hoch sein soll. Andererseits müssen die Konsumenten noch bereit beziehungsweise in der Lage sein, den Preis für das Produkt zu zahlen."

Der kleine Rabe freut sich über das Lob seines Vaters und hat schon die nächste Frage parat: „Warum wollen die

Menschen Gewinn machen, Papa?" Auch hier hat Konradin umgehend eine Antwort: „Sie wollen nicht – sie müssen! Wenn die Anbieter lediglich ihre Produktionskosten verlangen würden, könnten sie nur die Material- und Personalkosten sowie die Kosten für die sonstigen Aufwendungen erwirtschaften. Sie hätten dann kein Geld übrig, um neue Produkte zu erfinden. Wenn sie interessante Produkte entwickeln und für sie am Markt Käufer suchen, müssen sie meistens zunächst experimentieren und gegebenenfalls in neue Produktionseinrichtungen investieren, sprich: finanziell in Vorleistung gehen. Stell dir beispielsweise die komplexe Produktion ihrer Fahrzeuge vor. Und weil sie dabei ein gewisses Risiko eingehen – ihr Auto könnte ja keine Abnehmer finden –, möchten sie zudem für dieses Risiko entschädigt werden." Und Konradin ergänzt: „Zudem sind anfängliche Monopole – eine solche Situation haben wir, wenn noch keine Mitbewerber auf dem Markt sind und die Anbieter den Preis frei bestimmen können – von verhältnismäßig kurzer Dauer. Denn bei erfolgreichen Innovationen drängen neue Produzenten schnell in den Markt. Sie werden von der Chance, hohe Gewinne machen zu können, angelockt und die Gewinne werden dann mit einer zunehmenden Zahl von Anbietern immer kleiner, bis nur noch eine übliche Verzinsung der eingesetzten Mittel erwirtschaftet wird.[73]"

Jannis unterbricht den Redefluss seines Vaters und wiederholt, was er verstanden hat: „Sie müssen also Gewinn machen, um in Zukunft wieder neue Produkte herstellen und verkaufen zu können. Wenn ich die Zerstörung ansehe, das dabei entsteht, würde ich mir wünschen, sie wären Selbstversorger wie der Rest der Lebewesen und keine nimmersatten Sammler!

Die eben erwähnte *Verzinsung*, musst du mir bei Gelegenheit noch einmal genauer erklären. Zuerst stellt sich für mich eine andere Frage: Müssen Menschen, die ihren Mitmenschen Dienstleistungen anbieten, ebenfalls Gewinn machen?" Konradin wartet ab, bis sich der laut bellende Hund in der Nachbarschaft beruhigt hat, damit ihn sein Sohn besser versteht: „Betrachten wir auch dazu ein Beispiel, mein Sohn. Menschen haben keine Federn, sondern ihr Körper, insbesondere ihr Kopf, ist mit Haaren bedeckt. Was benötigt ein Mensch, der anderen die Haare schneidet, Jannis?" Sein Wissen anwendend, antwortet der kleine Rabe: „Einmal davon abgesehen, dass sich mir bislang der Nutzen dieser Dienstleistung nicht erschließt, braucht er dazu wie alle Menschen hier in der Region einen überdachten Platz, an dem er seine Dienstleistung anbieten kann. Er braucht das entsprechende Handwerkszeug. Und er wird auf irgendeine Weise seine Mitmenschen auf seine Dienstleistung aufmerksam machen müssen, da sie ja nicht ohne Weiteres in seine Behausung schauen können." Lobend antwortet ihm sein Vater: „Korrekt, Jannis. Und dazu muss er seine Preise so kalkulieren, dass neben diesen Dingen auch noch Geld übrig bleibt, mit dem er seine Familie ernähren kann – dass er beispielsweise nicht sofort aus dem Haus ausziehen muss, sofern es ihm nicht selbst gehört, wenn einmal weniger Kunden kommen, und dass er seiner Familie möglichst alle weiteren Gegenstände kaufen kann, die sie möchte. Das heißt: Auch er wird Gewinn machen müssen."

In diesem Moment laufen zwei Menschen den Weg unter dem Baum entlang, auf dem die beiden Raben sitzen, und unterhalten sich. Der Jüngere versucht, seinen Freund zu überreden, noch einen Abstecher in die Wirtschaft zu machen. Den Begriff Wirtschaft schnappt der zunehmend an die menschliche Sprache gewöhnte kleine Rabe auf: „Papa, warum wollen die beiden um diese Uhrzeit noch einmal arbeiten gehen?" Und Konradin erklärt Jannis vergnügt den Unterschied zwischen Gastwirtschaft und Volkswirtschaft. Der kleine Rabe lässt sich von solchen kleinen Verständnisschwierigkeiten nicht aus der Ruhe bringen:

„Haben denn alle Menschen ihr eigenes Unternehmen?", fragt der kleine Rabe neugierig weiter. „Nein, Jannis. Die meisten Menschen arbeiten in einem Unternehmen mit, das ihnen nicht selbst gehört. Sie bekommen Geld für ihre Mitarbeit gezahlt und gegebenenfalls einen Anteil am Unternehmensgewinn.

Das von Unternehmen an ihre Mitarbeiter ausgezahlte Geld wird als Gehalt oder auch Lohn bezeichnet. Gehalt oder Lohn sind – wie die Preise – marktabhängig. Je nachdem, ob es viele Menschen oder wenige mit einer entsprechenden Erfahrung und Ausbildung gibt, kann das Gehalt oder der Lohn höher oder niedriger ausfallen. Und beides ist meist auch abhängig von der wirtschaftlichen Lage des jeweiligen Unternehmens."

Jannis verarbeitet das Gelernte rasch und wiederholt: „Mit dem Gehalt, das sie verdienen, kaufen sich die Menschen also neben Nahrung all diese Berge an Gegenständen. Diese Riesen-Nimmersatts!", entfährt es ihm und er fragt seinen Vater neue Löcher in den Bauch: „Für die

Menschen, die nicht so erfinderisch sind, oder für Menschen, deren Fähigkeiten oder Dienstleistungen weniger nachgefragt sind, oder für Menschen, die für weniger erfolgreiche Firmen arbeiten, ist die Marktwirtschaft mit ihrem Wettbewerbsgedanken doch ganz schön anstrengend, Papa? Schließlich wollen sie ja auch all diese Berge an Gegenständen besitzen.“

Über seinen cleveren Sohn einmal mehr staunend, antwortet ihm Konradin: „Korrekt, Jannis. Die Menschen haben für diese Art von Anstrengung ein eigenes Wort kreiert. Sie nennen sie *Stress*.

Auf der einen Seite sorgt Wettbewerb für Innovationen und den Ausgleich von knappen Gütern, indem für stark nachgefragte Produkte weitere Anbieter in den Markt eintreten oder Alternativen entwickelt werden und so die Preise für die Produkte sinken und sich nützliche Produkte auf der Welt schnell verteilen.[74] Auf der anderen Seite sorgt Wettbewerb dafür, dass Unternehmen ständig gezwungen sind, sich für den Verbraucher nützlich zu machen und sich nicht auf ihren Erfolgen auszuruhen. Wettbewerbsvorteile sind in der Regel nicht von langer Dauer. Unrentabel gewordene Unternehmen, deren Kosten höher als die Leistungen sind, müssen versuchen, wieder rentabel zu werden. Die Produktivität der Unternehmen – also das Verhältnis der erzeugten Güter zu den eingesetzten Mitteln – schaukelt sich so gewissermaßen gegenseitig hoch. Und, soweit ich das korrekt einschätzen kann, sinken dadurch neben den Preisen auch die Gewinne.[75]“

Jannis stöhnt: „Papa, das wird mir jetzt doch zu viel. Hast du eine Merkhilfe für mich?" Konradin muss nicht lange überlegen: „Ja, Jannis. Die Menschen haben ein anschauliches Modell entwickelt. Lass uns zum Kinderspielplatz fliegen! Ich skizziere es dir in den Sand." Die beiden Raben schwingen sich in die Luft und kreisen eine Runde über dem um diese Tageszeit menschenleeren Spielplatz. Akribisch überprüfen sie die Abwesenheit von streunenden Katzen und setzen zur Landung auf dem Rand des Sandkastens an. Konradin beginnt, zu skizzieren, und erklärt dabei:

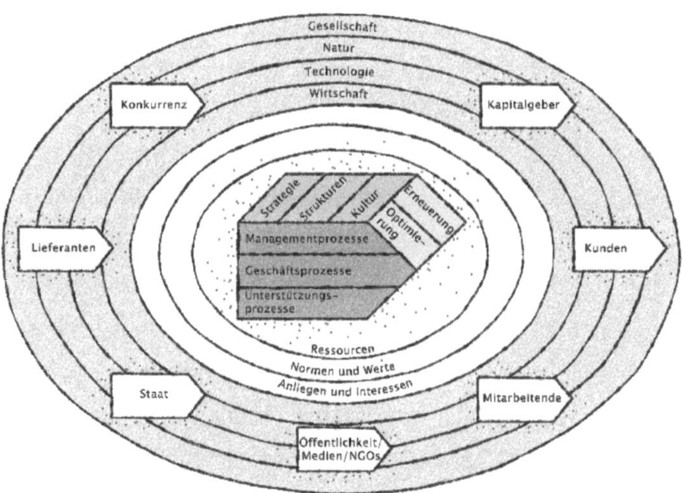

Das neue St. Galler Management-Modell[76], von Konradin in den Sand gepickt

Unternehmen

„Die Menschen betrachten ein *Unternehmen* als lebendigen Organismus oder soziales System. Ein Lebewesen lebt nicht unabhängig von seinem Umfeld, sondern wird von diesem beeinflusst. Die Menschen bezeichnen den gegenseitigen Einfluss auch als *Wechselwirkungen*. Genauso ist das bei einem Unternehmen. Verschiedene Gruppen haben Ansprüche an das Unternehmen." Der kleine Rabe unterbricht seinen Vater: „Welche Anspruchsgruppen sind das, Papa?" Konradin zählt die wesentlichen Anspruchsgruppen auf, bevor er das Modell weiter in den Sand zeichnet: „Es ist die Gruppe der Lieferanten, die das Unternehmen im Rahmen der Arbeitsteilung mit Gütern und Dienstleistungen beliefern, ihm sozusagen zuarbeiten. Es ist die Gruppe seiner Mitbewerber, an denen es sich orientiert, um günstiger oder besser als sie zu sein. Es ist der Staat, der die Regeln für das Wirtschaften setzt. Es ist die Öffentlichkeit, also die Gesamtheit der Menschen, gegenüber der sich das Unternehmen für seine Handlungen rechtfertigen muss. Es sind seine Mitarbeiter als ein ganz wesentlicher Erfolgsfaktor, die von ihm zukunftsfähige Arbeitsplätze erwarten, denn die Menschen wechseln nicht so gerne Unternehmen. Es sind seine Kapitalgeber, die es mit Geld versorgen, und natürlich sind es seine Kunden, die von ihm Produkte erwarten, die seine Bedürfnisse befriedigen.

In der Beziehung zwischen dem Unternehmen und seinen Anspruchsgruppen geht es also permanent um den Austausch von Ressourcen, Anliegen und Interessen sowie von Normen und Werten. Der Austausch zwischen bestimmten Anspruchsgruppen, insbesondere zwischen Unternehmen und Mitarbeitern, Kapitalgebern und Lieferanten, wird dabei schriftlich in Form sogenannter *Verträge* festgehalten." Jannis versucht, sich den Interessenaustausch zwischen Unternehmen und Anspruchsgrup-

Unternehmen
als Vertragsnetz

pen bildlich vorzustellen, während Konradin eine laut singende Amsel höflich bittet, sich weit vom Sandkasten zu entfernen, damit er Jannis sein Modell weiter erklären kann:

„Ein Unternehmen ist kein totes Lebewesen, sondern muss laufend auf Veränderungen seiner Umwelt reagieren, um seinem Zweck, nämlich der Versorgung der Gesellschaft mit guten, preiswerten und innovativen Gütern und Dienstleistungen, gerecht zu werden."[77]
Jannis unterbricht: „Welche Veränderungen könnten das sein, Papa?" Und Konradin erklärt ihm: „Veränderungsbedarf für eine Organisation kann sich aus der Gesellschaft, der Natur, der Technik und der Wirtschaft ergeben. Ich mache es dir jeweils an Beispielen konkret. Beginnen wir mit gesellschaftlichen Veränderungen: Die Menschen werden immer älter. Wenn ein Unternehmen mit Behausungen handelt, sollte es auf diese gesellschaftliche Veränderung reagieren und verstärkt Wohnungen anbieten, die besonders gut auf die Bedürfnisse von älteren Menschen zugeschnitten sind. Betrachten wir als Nächstes die Natur als Veränderungsgrund: Wie du erahnen kannst, beeinflussen die Menschen mit ihrem Wirtschaften massiv die Umwelt. Mit der Folge, dass gefühlt bei uns in der Region die Temperatur von Jahr zu Jahr steigt. Wenn ein Unternehmen mit pflanzlichem Saatgut handelt, sollte es diese Veränderungen im Blick haben und hitzebeständigeres Saatgut züchten." „Was ist mit der Technik?", fragt Jannis neugierig, da er sich die Auslöser von Veränderungen sehr genau eingeprägt hat. Konradin erklärt: „Neue Erfindungen können beispiels-

weise die bisherigen Produktionsmethoden infrage stellen. Bleiben wir beim anschaulichen Beispiel der menschlichen Behausungen. Während einige Unternehmen diese sehr zeitaufwändig direkt vor Ort errichten und den Bau aufgrund des Wetters immer wieder unterbrechen müssen, fertigen andere Unternehmen sämtliche Bauteile in großen Hallen vor. Sie müssen dann nur noch zur Baustelle transportiert und dort zusammengesetzt werden. Dies wäre nicht nur eine technologische, sondern indirekt auch eine wirtschaftliche Veränderung. Wenn ein Unternehmen wie bisher, ohne die neue Technologie, produziert, muss es anderweitig sparsamer – die Menschen sagen effizienter – werden, um wirtschaftlich mit den Unternehmen, die ihre Produktion auf die neue Technologie umgestellt haben, mithalten zu können. Oder es muss selbst eine neue, noch effizientere Technologie entwickeln."

Der kleine Rabe plustert sich auf: „Ich verstehe die Vorteile der Marktwirtschaft und die ständigen Veränderungsnotwendigkeiten, die sich aus ihr ergeben. Aber ich finde es dennoch unfair, wenn Unternehmen aus dem Markt gedrängt werden, die umweltschonende Produkte herstellen, weil sie nicht genug Gewinn erwirtschaften, um in neue Ideen investieren zu können." Konradin lächelt vergnügt über die Präzision der Formulierung seines Sohns: „Auch hierfür haben die Menschen Lösungen gefunden, Jannis. Sie können – wenn sie eine gute Idee haben – bei einer *Bank* einen Kredit aufnehmen. Das heißt, die Bank leiht ihnen Geld – sogenanntes Startkapital – für ihr Versprechen, es der Bank nach der Umsetzung ihrer Idee zurückzuzahlen. Zum vereinbarten Zeitpunkt müssen sie es dann zuzüglich einer Gebühr für das Leihen – die Menschen nennen diese *Zinsen* – zurückzahlen. Ich war dir ja noch eine Erklärung zum Thema Verzinsung schuldig. Das geliehene Geld muss sozusagen *verzinst* werden. Die Höhe der Zinsen ist unter anderem davon abhängig, ob die Rückzahlung sicher ist. Die Menschen sprechen hierbei von der Ausfallwahrscheinlichkeit der Rückzahlung. Zudem lassen sich die Banken von den Unternehmen Garantien als Pfand geben, beispielsweise die Häuser der Menschen. Und falls überhaupt keine Garantien da sind, verlangen sie Unternehmensanteile, wenn sie von der Idee überzeugt sind."

„Was in aller Welt sind Unternehmensanteile? Und woher hat die Bank eigentlich das Geld?", fragt der kleine Rabe. Konradin beantwortet zunächst die zweite Frage. „Zum einen bekommt die Bank das Geld von anderen Menschen oder anderen Unternehmen, die es bei ihr deponieren, da sie dann dafür Zinsen bekommen. Zum anderen kann die Bank es sich bei einer Zentralbank oder von anderen Banken leihen." „Was ist eine Zentralbank, Papa?" „Das ist die zentrale Institution, Jannis, die das Geld herstellt.

Die Bank muss natürlich auch der Zentralbank eine Gebühr dafür zahlen. Diese Gebühr ist aber geringer als die Gebühr, gegen die sie das Geld weiterverleiht. Eine weitere Möglichkeit von Unternehmen ist, Unternehmensanteile – die Menschen nennen sie *Aktien* – zu verkaufen und mit dem eingenommenen Geld die Investitionen zu tätigen." „Aber dann gehört das Unternehmen auf einmal ganz vielen?", schaut Jannis seinen Vater verwundert an. „Das ist korrekt. Die Menschen, die sich die Aktien kaufen, werden zu Anteilseignern und möchten für ihren Anteil ebenfalls eine Verzinsung und Mitbestimmungsrechte." Konradin holt erst einmal tief Luft, bevor er fortfährt: „Geld als Tauschmittel gibt es schon sehr lange. Dass die Banken für den Geldverleih Zinsen nehmen, ist im Vergleich dazu eine relativ neue Idee.[78] Probleme entstehen, soweit ich das aus meiner Perspektive beurteilen kann, wenn die Erwartungen an die Höhe der Zinsen unrealistisch hoch werden und die Kredite nicht mit ausreichend Garantien besichert sind."

Der kleine Rabe ist erstaunt: „Wie geht das? Da machen die Banken doch ihre Aufgabe nicht richtig?" Mit ernster Miene erläutert ihm Konradin: „In der Tat, mein Sohn, müsste man dies vermuten. Aber weit gefehlt. Die Banken behalten die Risiken oftmals nicht bei sich, sondern verkaufen sie in Form von Schuldscheinen, sogenannten Anleihen, weiter. Somit tragen die Käufer der Schuldscheine – Privatpersonen, Unternehmer oder andere Banken – das Ausfallrisiko. Das ist diesen oft nur nicht richtig bewusst. Auf der Suche nach Rendite – damit ist das Verhältnis der jährlichen Zinszahlung zur geliehenen Geldmenge gemeint – denken viele Anleger nicht sonderlich nach. Die Risikoverlagerung führt auch dazu, dass die Banken immer mehr Kredite vergeben wollen, um noch mehr Gewinn zu machen. Wenn dann einige Kredite nicht mehr zurückgezahlt werden können und die Banken merken, dass sie sich gegenseitig solche Schuldscheine verkauft haben, kann dies bedrohliche Auswirkungen haben. Die Banken werden dann panisch und leihen sich gegenseitig kein Geld mehr.

Die Finanzwirtschaft, im Idealfall der Blutkreislauf, die Pumpe der Wirtschaft[79], kann sich durch das unkontrollierte Weiterreichen von Risiken und eine zu hohe Kreditvergabe also selbst schädigen."

Jannis schluckt über so viel Input. „Ich fasse mal zusammen, soweit ich das verstanden habe, Papa: Die Menschen machen es sich selbst schwer. Weil sie hohe Zinserwartungen haben, kaufen sie wie verrückt Versprechungen, die nicht erfüllt werden können, und machen sich dadurch Finanzkrisen." Konradin lacht: „So in etwa, mein Sohn."

<table>
<tr><td>Alternativen zur
Marktwirtschaft</td><td>

„Gibt es auch Alternativen zur Marktwirtschaft?" Das ist eine Frage, auf die Konradin gewartet hat: „Ja, beispielsweise die Planwirtschaft. Bei ihr legt die Gemeinschaft fest, welche Güter und in welchen Mengen diese produziert werden. Und ihr gehören auch die Produktionsmittel wie beispielsweise Maschinen." Jannis schnalzt erleichtert mit der Zunge: „Das klingt gut. Können die Menschen damit ihre Bedürfnisse besser befriedigen?"

Konradin antwortet seinem Sohn: „Das mag aus unserer Sicht vernünftig klingen. Den meisten Menschen sind aber die Qualität, die Auswahlmöglichkeiten und die sofortige Verfügbarkeit der Güter sehr wichtig. Nach meinen Beobachtungen gelingt es der Marktwirtschaft besser, dies alles sicherzustellen. Schon aus relativ hoher Flughöhe können wir Raben auf das Wirtschaftssystem einer Region schließen. In Gebieten mit Planwirtschaft

</td></tr>
</table>

sind die Fahrzeuge, die Behausungen und die materiellen Gegenstände verhältnismäßig einfach, wirken ziemlich monoton und die Straßen und Brücken sind meist in einem deutlich schlechteren Zustand. Selbst nachts ist dies beim Überfliegen erkennbar. Die Städte in Gegenden mit Marktwirtschaft gleichen meist einem hellen Lichtermeer, während die Städte in planwirtschaftlichen Gegenden deutlich dunkler sind."

Erstaunt fragt Jannis: „Warum scheint die Marktwirtschaft besser als die Planwirtschaft zu funktionieren, Papa?" Konradin hat auch hier eine Vermutung: „Ich denke, dass neben dem Wettbewerb und den Eigentumsrechten insbesondere das Eigeninteresse der Menschen[80] für die höhere Effizienz und den höheren *Wohlstand* sorgen.

Wir hatten uns ja am ersten Abend im Zusammenhang mit den Bedürfnissen über die typischen menschlichen Motive wie beispielweise Macht, Leistung und Anerkennung unterhalten. Bei diesen steht das Eigeninteresse im Vordergrund. Menschen sind nach meinen Erfahrungen besonders effektiv, wenn sie ihre Interessen befriedigen können. Die Wettbewerbsbedingungen der Marktwirtschaft und die Möglichkeit, Eigentum zu erwerben, bieten ihnen dazu im Vergleich zur Planwirtschaft die besseren Anreize. In meinen Beobachtungen über große Bauwerke der Menschen wie Flughäfen, Hochhäuser, Schulen und Fabriken konnte ich beispielsweise feststellen, dass die Menschen häufig sparsamer mit den Ressourcen umgehen, wenn es um ihre eigenen geht.

Genauso stelle ich bei Gemeinschaftseigentum fest, dass sich die Gemeinschaft weniger intensiv um dieses kümmert und es schlechter in Ordnung gehalten wird als Privateigentum.

Jannis meldet sich zu Wort: „O.K. Das mit der höheren Effektivität erscheint nachvollziehbar, aber widersprechen die Bedingungen der Marktwirtschaft nicht den bevorzugten Werten der Menschen?[81]" „Interessante Frage, mein Sohn. Ich würde sagen, nicht unbedingt."
Jannis lässt sich nicht beirren und fährt fort: „Für mich hat es den Anschein, als ob der Marktwirtschaft – soweit ich das verstehe – eher die Werte Selbstverantwortung und Freiheit (z. B. der Berufs- und Produktauswahl) zugrunde liegen und der Planwirtschaft der Gemeinschaftsgedanke."
Konradin macht einen tiefen Atemzug, bevor er antwortet: „Also, bei den ersten beiden gebe ich dir Recht. Die Marktwirtschaft fördert die Verantwortung, sich um sich selbst, seine Familie und sein Eigentum zu kümmern, denn das Wirtschaftssystem beruht auf der Idee, dass die große Mehrheit ihren eigenen Lebensunterhalt verdienen kann.
Genauso fördert sie die individuelle Freiheit, zwischen verschiedenen Berufen und Anbietern wählen zu können. Jeder Mensch darf selbst entscheiden, welche Produkte oder Dienstleistungen er erwerben und welche er seinen Mitmenschen anbieten möchte. Mit dem Gemeinschaftsgedanken ist das so eine Sache. Solidarität scheint eher indirekt durch die Marktwirtschaft gefördert zu werden, da die Menschen sich durch ihre Produkte

oder Dienstleistungen gegenseitig unterstützen. Ihre Systemwirkung trägt folglich zum Gemeinwohl bei."[82]

Jannis ist mit der Antwort noch nicht zufrieden: „Und wie sieht es mit der Nächstenliebe aus, Papa? Du hast einmal erwähnt, dass zumindest einige Menschen danach handeln."

Konradin sucht nach einem Beispiel: „Schau dir exemplarisch die Menscheneltern bei uns im Park an! Sorgen sie gleichermaßen liebevoll für das Wohl fremder Kinder?"

Jannis muss seinem Vater recht geben: „Nein, oft wäre ich bereits froh, wenn sie sich wenigstens um die eigenen Kinder kümmern würden, insbesondere, wenn die Menschenkinder anfangen auf mich zu zu rennen, wenn ich dabei bin, einen Regenwurm zu fangen." Konradin zwinkert seinem Sohn sichtlich vergnügt mit den Augen zu: „Siehst du, Jannis. Natürlich mag es vorkommen, dass auch fremde Eltern einschreiten, aber das Eigeninteresse vieler Eltern ist, zunächst für ihre eigenen Kinder zu sorgen. Das ist bei uns Raben nicht anders. Natürlich hängt dies in gewisser Weise auch von den individuellen Werten ab; jedoch steht selbstlose Nächstenliebe häufig nicht an erster Stelle.

Du liegst aber auch nicht ganz falsch mit deiner Behauptung. Auch wenn bei den Motiven Macht, Leistung oder Anerkennung zwar meines Erachtens das Eigeninteresse im Vordergrund steht, geht es vielen Menschen dabei nicht um das unermüdliche Sammeln von materiellen Gegenständen, sondern es geht sehr häufig um das Verlangen nach Gesellschaft.[83] Und dies mag in alternativen Wirtschaftsformen, bei denen das Gemeinwohl im Vordergrund steht, direkter gefördert werden. Erinnere mich daran, wenn ich dir gleich das Thema der kollektiven Güter und Gemeingüter erläutere.

Was ich abschließend zu dem Thema sagen will, ist, dass Markt und Wettbewerb zusammen zunächst einmal eine große Effizienzmaschine bilden, um die menschlichen Bedürfnisse nach all diesen Gütern zu befriedigen, das heißt, ihnen gelingt es, mit den vorhandenen Ressourcen ein Höchstmaß an Bedürfnisbefriedigung zu erzielen.‘“

Jannis ist schwer beeindruckt: „Papa, dieses Wirtschaften ist ja dann wirklich ein gelungenes System.“ Konradin lächelt weise: „Ja, Jannis. Obgleich Eigeninteresse das handlungsleitende Motiv des einzelnen Marktteilnehmers ist, hat der Markt die Zukunftsblind Bedürfnisbefriedigung der Menschen als Konsumenten zum Ziel.[84] Und nebenbei verbindet das Wirtschaftssystem durch die Arbeitsteilung die Menschen über ihre Familie und ihren Freundeskreis hinaus miteinander.

„Das heißt, die Marktwirtschaft hat keine Nachteile?“, folgert der kleine Rabe ungläubig. Der große Rabe schüttelt den Kopf: „Das habe ich nicht gesagt, Jannis. Wir haben bislang überwiegend über den Nutzen der Marktwirtschaft gesprochen.

Trotz aller Vorteile glaube ich, dass die Bedürfnisbefriedigung der Menschen – in Summe betrachtet – am höchsten sein dürfte, wenn sie nicht nur ihr jeweiliges Eigeninteresse im Blick haben, sondern auch das ihrer Mitlebewesen.

Bei der Marktwirtschaft kommt es nach meinem Verständnis entscheidend auf die Rahmenbedingungen an.[85] Diese sollten die Bedürfnisbefriedigung aller Akteure im Blickfeld haben. Wir sind damit wieder beim gestrigen Thema angelangt, dass es für Kooperation passende Regeln braucht.

Die Marktwirtschaft kann im Vergleich mit der Planwirtschaft zwar eine bessere Güterversorgung sicherstellen oder – wie die Menschen es nennen – insgesamt einen höheren Wohlstand erzeugen. Aber die Märkte verteilen den Wohlstand nicht gleichmäßig. Die Gewinner bekommen unverhältnismäßig viel; die Märkte können Armut nicht verhindern. Die Fachleute sprechen von *Verteilungsblindheit*."[86]

Jannis muss wieder nachfragen: „Was verstehen die Menschen unter *Armut*, Papa?" Der große Rabe erklärt: „Von Armut sprechen die Menschen dann, wenn sich Menschen im Vergleich zu ihren Mitmenschen wesentlich weniger Güter und Dienstleistungen leisten können. Armut ist also das Gegenteil von Wohlstand. Im extremsten Fall bedeutet Armut, dass sie nicht in der Lage sind, sich ausreichend Nahrungsmittel, Kleidung beziehungsweise die notwendigen Güter, um ihre Behausungen im Winter zu wärmen, zu kaufen. Mit der Folge, dass sie an Hunger und Kälte leiden und vielleicht nicht mal mehr ein Dach über dem Kopf haben." Aufgeweckt ruft der kleine Rabe: „Dachte ich es mir doch: Gleichheit wird von der Marktwirtschaft offensichtlich nicht gefördert! Menschliche Armut kann ich tagtäglich beobachten. An dem Fluss hinter dem Park leben Menschen, die auf Bänken im Freien und im Winter unter Brücken schlafen; hier in der Region natürlich einige weniger als bei meinen ersten

Fernreisen[1] mit dir. Ja, es hat auch Nachteile, wenn sich die Menschen nicht einfach das essen können, was sie in der Natur finden und ihre Behausungen nicht allein mit ihrer Familie bauen können. Oder allein ihre Kleidung herstellen können."

Lobend erwidert Konradin: „Die Anzeichen hast du gut beobachtet und es gibt noch viele mehr davon. Halten wir als Zwischenstand fest: Marktwirtschaft kann zu solch hoher Ungleichheit führen, dass diese – trotz Hinweis auf ihren Grundsatz ‚Leistung muss sich lohnen' – nicht mehr als gerecht empfunden wird. Armut kann sich sogar von einer Generation auf die nächste übertragen – das habe ich in meinen Langzeitbeobachtungen bei einzelnen Menschenfamilien festgestellt.

Die Verteilungsblindheit ist aber nicht der einzige Nachteil der Marktwirtschaft. Die Märkte sorgen nicht zuverlässig für kollektive Güter, von denen die menschliche Gesellschaft insgesamt profitiert."

„Ist das denn so wichtig?", will der kleine Rabe wissen. Konradin krächzt: „Die Kräfte des Marktes würden kollektive Güter wie Sicherheit, Bildungsangebote und Infrastrukturbauwerke einseitig an der höchsten Nachfrage ausrichten. In bevölkerungsschwachen Gegenden müssten die Menschen dann selbst zusehen, wie sie für ihre Sicherheit und medizinische Versorgung sorgen, oder sehr viel Geld dafür bezahlen müssen. Und ein einseitig auf die höchste Nachfrage ausgerichtetes Bildungsangebot würde den persönlichen Entfaltungsmöglichkeiten Grenzen setzen. Gemeinschaftlich bereitgestellte Straßen-,

Energie- und Telekommunikationsnetze haben maß-
geblich zum Wirtschaftswachstum beigetragen.[87] Aktuell haben sich die Menschen ein weiteres Netz geschaffen, das sogenannte Internet, in dem sie von zu Hause
aus Einkäufe bestellen, ihre Arbeit erledigen oder lernen
können.

In Gegenden mit gemeinschaftlich organisierten Bil-
dungseinrichtungen haben die Kinder aus ärmeren Familien ebenfalls die Chance auf eine gute Ausbildung.

Zudem ist die Marktwirtschaft *zukunftsblind*, wie du
schon selbst erkannt hast."[88] „Warum denn das?", ruft
Jannis.

„Ganz einfach: Da in der Marktwirtschaft unter Wettbewerbsbedingungen für Unternehmen das Ziel besteht,
Gewinn zu erzielen, können Unternehmen, die kosten-
trächtige Zusatzleistungen, beispielsweise höhere Lohnzahlungen oder zusätzliche Umweltschutzmaßnahmen,
erbringen, von Mitbewerbern, die darauf verzichten, aus
dem Markt gedrängt werden"[89], doziert Konradin und
fährt fort:

„Die gleiche Vorstellung findet sich auch auf der Konsu-
mentenseite. Es ist menschlich, zwischen verschiedenen
Produkten oder Dienstleistungsanbietern auswählen zu
wollen. Leider ist aber bislang nur ein kleiner Teil der
Menschen bereit, für höhere Lohnzahlungen oder zusätzliche Umweltschutzmaßnahmen einen höheren
Preis für die Produkte und Dienstleistungen zu zahlen,
unabhängig davon, wie viel der jeweilige Mensch ver-

(3) Zukunftsblind

dient. Denn der Nutzen der niedrigen Preise kommt einem individuell zugute; die Kosten für die Folgen trägt die Gemeinschaft als Ganzes."

Jannis ruft empört: „Ist das nicht kurzsichtig?" Konradin präzisiert: „Kurzsichtig und egoistisch. Auch zukünftige Generationen, also Menschen die heute noch nicht leben, werden dabei außen vor gelassen, da sie in der Marktwirtschaft noch keine Nachfrage erzeugen.[90] Aber es gibt auch Hoffnung: Die weitsichtigen Unternehmen versuchen in den Fällen, in denen die Berücksichtigung solcher sinnvoller Aspekte zu Wettbewerbsnachteilen führt, mit entsprechenden Regeln eine gemeinschaftliche Bindung der Unternehmen zu erzeugen.[91]

Sie vereinbaren dazu mit den übrigen Marktteilnehmern Branchenstandards, die über den gesetzlichen Vorgaben liegen, und verpflichten sich freiwillig dazu, diese einzuhalten. Wenn die jeweiligen Marktführer mitmachen, kann diese Strategie sehr erfolgversprechend sein. Alternativ haben die Unternehmen die Möglichkeit, an die Politik zu appellieren, die gesetzlichen Standards zu heben. „Das kann man alles doch auch einfacher formulieren!", stöhnt Jannis. Konradin fühlt sich ertappt: „Recht hast du. Ich meine, die Unternehmen versuchen es mit Zusammenarbeit, also Kooperation, zum Wohle der Gesellschaft und Umwelt. Ziel sind optimale Rahmenbedingungen, innerhalb derer der Wettbewerb seine Vorteile ausspielen kann und die Nachteile kompensiert, zumindest aber reduziert werden.

Und wo die Selbstorganisation der Unternehmen nicht gelingt, ist der Staat – als Organisationsform der Gemeinschaft – gefordert. Auf den Staat gehe ich noch separat ein. Vorab nur so viel: Arbeitslose Menschen erhalten hier in der Region vom Staat Arbeitslosengeld und Menschen, die sich beispielsweise bei der Ausübung ihrer Arbeit verletzen, Krankengeld. Die Menschen und ihre Familien müssen also nicht hungern und frieren, wenn sie nicht in der Lage sind, Geld zu verdienen, um sich Nahrungsmittel und wärmende Güter zu kaufen. Die Menschen reden in diesem Zusammenhang von *sozialer Marktwirtschaft*.“

Jannis staunt: „Wow, soziale Marktwirtschaft ergibt Sinn, Papa.“

Konradin, mit sich zufrieden, dass er seinem Sohn diesen Gedanken näherbringen konnte, ergänzt: „Ja, Jannis, soziale Marktwirtschaft, die Risiken absichert – die Menschen bezeichnen dies als Versicherung[92] – ergibt Sinn. Die Kunst besteht darin, die Rahmenbedingungen so zu definieren, dass die Vorteile für die Marktteilnehmer bestmöglich wirken und gleichzeitig der Missbrauch der Absicherung eingegrenzt wird. Ich habe Menschen in diesem Zusammenhang von Anreizmechanismen sprechen hören.“

„Wie genau funktionieren die Absicherungen?“, krächzt Jannis. Sein Vater erklärt: „Zunächst einmal sind innerbetriebliche und staatliche Absicherungen zu unterscheiden. Mit Ersteren sind Leistungen der Unternehmen für ihre Beschäftigten gemeint, beispielsweise Betriebsrenten. Das sind monatliche Zahlungen, die die Menschen nach ihrem altersbedingten Ausscheiden aus dem Unternehmen bis zu ihrem Tod erhalten. Aus Effizienzgründen bilden Arbeitnehmer und Arbeitgeber oftmals Interessenvertretungen, die stellvertretend für die einzelnen Beteiligten die innerbetrieblichen Absicherungen verhandeln. Den Entstehungsprozess staatlicher Rahmenbedingungen, zu denen auch staatliche Absicherungen zählen, beispielsweise die Versorgung bei dauerhafter Arbeitsunfähigkeit, erläutere ich dir morgen Abend.

Das Absichern von Erwerbsrisiken bekommen die Menschen hier bei uns in der Region – verglichen mit anderen Regionen – durch entsprechende Regeln relativ gut in den Griff. Sie streiten zwar immer wieder über Details der Ausgestaltung und Höhe, aber alles in allem funktionieren die Institutionen zufriedenstellend.
Wo ich aber ernsthafte Zweifel habe, dass die Menschen sinnvolle Regeln etabliert haben, ist beim Thema nachhaltiges Wirtschaften. Denn viele Unternehmen nutzen hier nicht die beschriebenen Möglichkeiten der Selbstbindung. Die Konsumenten fühlen sich nicht verantwortlich und kaufen nur nach dem Preis und die Politik verschließt zu häufig die Augen. Und deshalb stellen der menschliche Glaube an das Wachstum der Wirtschaft und negative Externalitäten ernsthafte Herausforderungen für alle Lebewesen dar." „Bitte was?", krächzt Jannis. „Ja, gut, dass du immer sofort nachfragst. *Externalitäten* sind Handlungen eines Beteiligten, also von Konsument oder Produzent, die Nachteile – sprich: Kosten – bei den anderen verursachen können, mein Sohn. Der Preis, der sich am Markt bildet, bildet unter Umständen nur die Kosten ab, die beim Produzenten entstehen, nicht aber

die externen Kosten, die beispielsweise die mit der Produktion einhergehende Umweltverschmutzung verursacht. Diese müssen dann alle Lebewesen tragen. Hier müssen idealerweise Bedingungen geschaffen werden, die diese Kosten einschließen."[93]

Jannis schüttelt verständnislos den Kopf: „Geht es etwas konkreter, Papa?" Konradin bemüht sich um ein Beispiel: „Schau dir Fredys Familie an, Jannis, die am anderen Ende der menschlichen Siedlung wohnte. Was ist mit Fredys Geschwisterchen passiert?" „Clara hat schmutziges Wasser getrunken, weil eines Tages eine riesige Maschine in ihrem Revier stand, die eine schädliche Flüssigkeit in die Pfützen aussonderte, aus denen sie trank. Sie ist daran gestorben.

Und damit nicht mehr Mitglieder aus Fredys Familie sterben, sind sie dann zu uns in den Park gezogen. O.K.; sag es doch gleich! Jetzt weiß ich, was du mit negativen Externalitäten meinst. Die Preise für die Produkte sind eigentlich zu niedrig, weil sie beispielsweise nicht abbilden, dass andere Lebewesen zu Schaden kommen?"

„Exakt, Jannis. Oftmals ist dies so und die Menschen versuchen, hier mit einem Konstrukt, das sie *ökosoziale Marktwirtschaft* nennen, gegenzusteuern. Aufgrund der Komplexität gelingt es ihnen bislang aber nur bedingt."

Jannis verdreht die Augen: „Was ist ökosoziale Marktwirtschaft, Papa?" Der große Rabe erläutert: „Das ist eine Marktwirtschaft, die versucht neben den wirtschaftlichen Interessen auch die Interessen der Umwelt und der Gesellschaft im Blick zu haben."

„Das klingt gut. Und warum ist Wachstum ein Problem?", bohrt Jannis weiter.

Konradin seufzt, bevor er antwortet: „Ich bin schon sehr viel gereist und ich kann dir sagen, die Erde ist endlich.[1] Der Planet, auf dem wir leben, ist sehr groß, keine Frage. Auf ihm finden sehr viele Lebewesen Platz. Aber die Menschen leben großteils so, als gehöre der Planet nur ihnen allein. Und dann glauben sie auch noch, sie hätten noch genug weitere Planeten zur Verfügung. Sie verbrennen viel mehr Wald, als nachwächst. Sie töten oder verursachen den Tod von so vielen Lebewesen, dass manche Arten von der Erde verschwinden, und sie pusten in vielen Regionen so viele Abgase in die Luft, dass die Luft nicht mehr klar wird. In diesen Regionen will ich gar nicht mehr fliegen, weil es mir dort sehr schlecht wird, und ich kann mir nicht vorstellen, dass die Luft für die Menschen gesünder ist.

Rebound Effekt

Wachstum, das die natürlichen Ressourcen aufbraucht, ist ein Problem. Die Menschen finden keinen Weg, so zu wirtschaften, dass das Wirtschaftswachstum vom Ressourcenverbrauch gelöst wird. Es gelingt ihnen zwar, ihre Güter effizienter herzustellen und deren Energieverbrauch zu reduzieren, aber sie konsumieren stetig mehr, sodass der Konsum die Einsparungen übersteigt."

Jannis folgert: „Wenn Wirtschaftswachstum durch Bevölkerungswachstum zustande kommt, ist es aufgrund der wachsenden menschlichen Bevölkerung zwangsläufig nicht vermeidbar." Konradin widerspricht: „Nein, Jannis, denn langfristig ist davon auszugehen, dass die Menschen wieder weniger werden. Ich beobachte, dass in wirtschaftlich hochentwickelten Regionen die Menschen immer weniger Kinder bekommen." Und der weise Rabe ergänzt: „Ich hätte auch keine Probleme damit, wenn die Wirtschaft in Gegenden mit hoher Armut wachsen würde, damit die Einkommenslücke zu den hochentwickelten Ländern verringert werden kann.[94] Aber auch in hochentwickelten Regionen, in denen die Bevölkerung bereits abnimmt, wollen die Menschen, dass die Wirtschaft weiter wächst, und sie versuchen alles, um immer mehr zu konsumieren. Und was sie nicht selbst konsumieren können, wollen sie in andere Regionen bringen. Sie nennen das exportieren.“

„Papa, ist die zunehmende Leistungsfähigkeit schuld daran, dass die Menschen immer mehr konsumieren?“ Konradin erwidert: „Grundsätzlich ja. Wobei hier mehrere Dinge eine Rolle spielen: Einerseits ist die leicht verfügbare Energie ein wesentlicher Treiber des Wachstums, denn die Produktion von Gütern verschlingt Unmengen an Energie.[95] Andererseits sorgt der Wettbewerb dafür, dass die Produkte günstiger werden, zumal die Preise oftmals nicht die Kosten für den Raubbau an der Natur enthalten. Wenn das Einkommen der Menschen gleich bleibt, können sie dadurch immer mehr konsumieren.

Die Leistungsfähigkeit einzig auf die gestiegene Produktivität zurückzuführen, wäre zu einfach, Jannis. Zusätzliches Angebot schafft zusätzliche Nachfrage. Einen Teil der Produktivitätsgewinne nutzen die Menschen aber auch, um weniger arbeiten zu müssen – wobei sie für meinen Geschmack dadurch nicht wirklich entspannter werden. Sie erfinden einfach zu viele Gegenstände, mit denen sie sich dann beschäftigen müssen.“

Der kleine Rabe holt erst einmal tief Luft, bevor er seine Nachfrage formuliert: „Werden die Menschen zunehmend unbefriedigter und müssen sie immer mehr Güter und Dienstleistungen konsumieren, um sich zu befriedigen?" Konradin lacht: „Auch das glaube ich nicht, mein Sohn. Die Menschen sind einfach wahre Nimmersatts – deren Ansprüche grenzenlos sind. Hätten sie früher genauso viel konsumieren können, hätten sie es meines Erachtens auch getan. Wachstum ist für die Menschen einfach bequem. Der ausufernde Konsum mag eher auf jene Menschen zutreffen, deren Grundbedürfnisse befriedigt sind und die dann im Materiellen eine Ersatzbefriedigung für Zugehörigkeit und Liebe sowie Selbstwert suchen. Aber mit Verallgemeinerungen tue ich mich dennoch schwer.

Den Ressourcenverbrauch spüren die Menschen leider meist nicht direkt. Hier sind wir wieder beim Thema Externalitäten, denn der Verbrauch der Ressourcen geht zulasten der Allgemeinheit, der nachfolgenden Generation oder der Menschen in fernen Ländern. Und an steigende Einkommen – die in der Regel mit Wachstum verbunden sind – gewöhnen sich die Menschen schnell. Die wollen sie dann nicht mehr missen, auch wenn es ihnen bereits sehr gut geht. Ein noch größeres Fortbewegungsmittel, eine noch größere Behausung oder noch mehr Anziehsachen – das geht immer, insbesondere, wenn sie es ihren Mitmenschen nachmachen oder – noch besser – sie übertrumpfen möchten. Wachstum ist zu einem Automatismus geworden, der nicht hinterfragt wird. Dabei herrscht bei uns in der Region gar keine Knappheit mehr."

„Und schreitet da niemand ein?", krächzt Jannis entrüstet.

„Die Politik – vereinfacht die Vertretung der Gemeinschaft; Details hierzu erläutere ich dir noch – profitiert ebenfalls von Wachstum", erwidert Konradin. „Wenn die Wirtschaft wächst, muss sie sich nicht anstrengen, weil die Menschen dann einfacher Arbeit finden und sie durch Steuern Mehreinnahmen hat, die sie ausgeben kann, anstatt die vorhandenen Abgaben gegebenenfalls umverteilen zu müssen und damit bestimmte Gruppen schlechterzustellen.[96] Außerdem muss sie sich dann weniger Gedanken um die Versorgung der Menschen machen, die altersbedingt nicht mehr arbeiten können. Das staatliche Rentensystem ist nämlich bei uns in der Region so aufgebaut, dass die jeweils arbeitende Generation die Rente der Senioren zahlt. Da die Geburtenrate sinkt, muss folglich ein kleiner werdender arbeitender Teil die Rente eines größer werdenden Seniorenanteils aufbringen. Ohne Wachstum oder Zuwanderung junger Menschen aus anderen Regionen müssten die Rentenbeiträge und das Renteneintrittsalter spürbar erhöht werden."[97]

Staunend krächzt der kleine Rabe: „Oh, ich sehe die Herausforderung, Papa. Und die Unternehmen mit ihrem Gewinnstreben haben natürlich auch Interesse am Wachstum." „Exakt, mein Sohn. Und neben der Vergrößerung ihres Gewinns geht es ihnen – wie dem einzelnen Menschen – um Aufmerksamkeit. Unternehmen, die wachsen, wird mehr Bedeutung im Ringen um Arbeitskräfte, Geschäftspartner und insbesondere um Kapital von Anlegern und Banken zuteil. Diese investieren natürlich lieber in Unternehmen, deren Wachstumskurs Rendite verspricht."

„Ich kann mir ungefähr vorstellen, wie groß die Herausforderung ist, Papa." Mit ernster Miene fährt Konradin fort: „Ja, und es geht sogar noch weiter! Das Problem ist nicht allein, dass Wachstum für Menschen, Unternehmen und Staaten bequem ist und sie deshalb nicht ernsthaft über die daraus folgenden Konsequenzen nachdenken. Verschärft wird die Situation durch ihre wachsenden Ansprüche: Das allein durch ihr Handeln – und den enormen Ressourcenverbrauch – erzeugte Wachstum der Güter- und Dienstleistungswirtschaft ist ihnen noch zu gering und deshalb versuchen sie, Wege zu finden, das Wirtschaftswachstum von der *realen* Wirtschaft loszulösen." Jannis ist verblüfft: „Wie bitte? Wie kann so etwas funktionieren?" Der weise Rabe setzt sein verschmitztes Lächeln auf: „Recht hast du! So etwas kann nicht funktionieren. Die Menschen aber meinen, dass es funktionieren wird, wenn alle daran glauben.[98]

Wie ich dir bereits erläutert habe, spielt der Finanzsektor hier eine große Rolle. Indem er die Risiken verlagert, kann er natürlich versuchen, immer mehr Kredite zu vergeben.
Die Menschen sind Gewohnheitstiere. Sie haben die Erfahrung gemacht, dass die Weltwirtschaft durch die weltweite Arbeitsteilung kontinuierlich gewachsen ist. Da das Wachstum großteils mit steigendem Einkommen verbunden ist, das zu materiellem Wohlstand geführt

hat, nehmen sie an, dass dies auch zukünftig der Fall sein wird. Sie beginnen nicht nur damit, für große Investitionen wie für ihre Behausungen Schulden aufzunehmen. Sie nehmen sogar Schulden für ihren kurzfristigen Konsum wie zum Beispiel Reisen in andere Regionen auf. Ihr steigendes Einkommen und steigende Preise von Wohnraum rechnen sie bei der Schuldenaufnahme für ihre Behausungen gleich mit ein, sodass jeglicher Puffer fehlt, wenn die Einkommen beziehungsweise die Preise einmal nicht steigen. Entsprechende Angebote der Kreditinstitute machen es ihnen leicht.

Ähnlich verhält sich der Staat und finanziert Sozialleistungen durch Kreditaufnahme – zuversichtlich, dass seine Einnahmen steigen werden und er dann die Schulden wieder wird abbauen können. Dadurch verschuldet er sich immer mehr und der Anteil der Ausgaben, der dann für die Zahlung von Zinsen verwendet werden muss, steigt.

Und selbst Unternehmen lassen sich dazu verleiten, den Wachstumskurs zunehmend verstärkt einseitig durch Kreditaufnahme anstatt zumindest anteilig durch Eigenkapital zu finanzieren.

Soweit ich dies aus meiner Perspektive beobachten kann, leben sehr viele Menschen, Unternehmen und Staaten über ihre Verhältnisse.[99] Auf die Weitsichtigen unter ihnen, die erkannt haben, dass die Sinnhaftigkeit einer Schuldenaufnahme davon abhängig ist, wofür die Schulden aufgenommen werden, scheinen sie nicht hören zu wollen – der Wachstumswahn ist zu groß."

Jannis schluckt laut: „Und die Banken finanzieren das
Ganze mit ihren Krediten, da sie die Schulden – und damit die Risiken – weiterreichen, bis das System eines Tages kollabiert?" „Sehr gut gefolgert, Jannis. Leider ist das
so und ohne Einstellungsänderung beginnt das Spiel immer wieder von Neuem. Die Menschen lieben ihre Illusi-
onen von Wachstum ohne Anstrengung und grenzenlo-
sem materiellen Wohlstand. Die Menschen bei uns in der
Region merken ja nicht einmal, dass sie bereits im Überfluss leben. Du siehst, es bleibt für uns daher sehr spannend, die Menschen zu beobachten."

Der kleine Rabe seufzt: „Wenn die Menschen es schaffen,
durch Regelungen kranke und alte Menschen abzusi-
chern, muss es ihnen doch auch irgendwie gelingen, für
die Umweltbelastung sinnvolle Regelungen zu finden."

Konradin würde seinem Sohn gerne einen optimisti-
schen Ausblick geben. Er weiß aber, dass er dies zum jetzigen Zeitpunkt nicht kann: „Gute Frage. Leider ahnt bislang nur eine Minderheit der Menschen, dass Fortschritt
und Lebensqualität nicht allein vom jährlichen Zuwachs
des Pro-Kopf-Einkommens abhängig sind und man zur
Befriedigung der Bedürfnisse keine unaufhaltsam wachsenden Gütermengen braucht.[100]

(4) Beherrschend

Die Marktwirtschaft soll helfen, Knappheiten zu beseiti-
gen. Wettbewerb als ihr zentrales Element ist folglich
kein Selbstzweck. Wettbewerb kann jedoch, besser als
andere Systeme, Qualität und Vielfalt erzeugen.
Andererseits scheint die Verständigung auf ein Wirtschaftssystem die Sichtweise der Menschen aber auch

einzuengen, es wird für sie zum beherrschenden Gesellschaftssystem.

In der Marktwirtschaft wird allem ein Preis zugeordnet. Güter, die einen niedrigen Preis haben, werden deswegen von vielen Menschen weniger wertgeschätzt." „Das ist doch Unsinn, Papa!", ruft Jannis. Konradin schüttelt energisch mit dem Kopf: „Nein, nein! In vielen Fällen mag der Preis ein Indiz für Qualität sein, Jannis, aber sicher nicht bei allen. Menschen schätzen beispielsweise ein kostenloses Konzert auf der Straße meist weniger wert als eines, bei dem sie fürs Zuhören einen hohen Eintrittspreis gezahlt haben[101] – auch wenn eigentlich die Straßenmusiker besser sind. Die Marktwirtschaft beeinflusst also in gewisser Weise das individuelle Empfinden. Genauso beobachte ich trotz der sozialen Sicherungssysteme für alte und arme Menschen eine gewisse Ausgrenzung dieser Gruppen. Wenn Menschen ihre Arbeit verlieren und für längere Zeit nicht in das durch Arbeitsteilung gekennzeichnete gesellschaftliche Zusammenleben eingebunden sind, reduzieren sich oftmals Intensität und Anzahl der sozialen Beziehungen. In schwächerer Form kannst du es auch bei manchen älteren Menschen beobachten, die sich nach dem Ruhestand nutzlos fühlen." Jannis schluckt einmal mehr; dies hat er bislang noch nicht beobachten können. Und der weise Rabe fährt fort: „Wettbewerb bekämpft Verschwendung. Dadurch werden und bleiben Güter erschwinglich. Dennoch wünschen sich Menschen in ihren Beziehungen – wie alle Lebewesen – Verschwendung, denn sie können gar nicht genug geliebt werden.[102] Eine Verringerung der Liebe kann also nicht gewollt sein, selbst wenn sie schon im Überfluss leben.

Und genauso ist Güterkonsum kein Selbstzweck. Es geht allen Lebewesen um Bedürfnisbefriedigung. Dabei den alleinigen Fokus auf Güterkonsum zu setzen, befriedigt die Vielzahl an Bedürfnissen nur bedingt, denken wir nur an das Bedürfnis nach Wachstum.

Nicht zuletzt durch die einengende Sichtweise erscheint jedoch Güterkonsum vielen Menschen als ein Ersatzbedürfnis."

Jannis signalisiert seinem Vater, dass er heute kein neues Wissen mehr aufnehmen kann.

„Was hast du heute über den Menschen gelernt?", fragt Konradin ihn deshalb.

Der kleine Rabe sortiert das Gelernte der vergangenen Tage: „Vor zwei Tagen hast du mir von den menschlichen Bedürfnissen und Fähigkeiten erzählt. Gestern habe ich viel über ihr Zusammenleben gelernt und dass sie ihre Bedürfnisse gemeinsam besser befriedigen können. Heute habe ich erfahren, dass die Menschen durch Arbeitsteilung und Spezialisierung – sie nennen es Wirtschaften – versuchen, Knappheit zu verringern.

Beeindruckend und erschreckend zugleich finde ich dabei, dass die Menschen solch große Nimmersatts sind, dass sie selbst an materiellen Gütern permanent Knappheit empfinden können. Und dass sie ständig neue Produkte und Dienstleistungen erfinden, bei denen wiederum die Nachfrage größer ist als das Angebot, sodass ihr

Hunger danach niemals aufhört und sie immer wieder neue Wünsche haben."

„Exzellent, mein Sohn, wie du von der Knappheitsbewältigung auf die Überflussgesellschaft schließt!" Und Konradin beginnt, selbst noch einmal etwas detaillierter zu wiederholen: „In der Marktwirtschaft fällt Unternehmen die Aufgabe zu, die Gemeinschaft mit guten, preiswerten, innovativen Gütern und Dienstleistungen zu versorgen.[103]
Dazu haben sich die Menschen mit Güter-, Geld- oder Arbeitsmarkt und Wettbewerb ein Wirtschaftssystem geschaffen, das einerseits diesem Effizienzanspruch gerecht wird und für neue Innovationen sorgt, das aber andererseits dadurch auch permanent neue Knappheiten entstehen lässt."

Als Konradin Luft holen muss, fährt Jannis mit seiner Zusammenfassung fort; schließlich ging die Frage an ihn.
„Ich war mit meiner Zusammenfassung noch nicht fertig. Das System der Marktwirtschaft scheint anderen Wirtschaftssystemen bezüglich der Knappheitsbeseitigung überlegen zu sein, hat aber soziale und ökologische Nachteile. Vor lauter Effizienzsteigerung und neuer Angebotserzeugung stresst die Arbeitsbelastung viele Menschen und schädigt wegen des extremen Naturverbrauchs zudem unseren Planeten.
Die Menschen versuchen zwar, durch verbindliche Regeln die Vorteile zu verstärken und die Nachteile zu reduzieren. In einer endlichen Welt stellt der menschliche

Wachstumswahn jedoch alle Lebewesen vor große Herausforderungen. Über Alternativen wie das von dir genannte qualitative Wachstum oder zumindest die Abtrennung des Wachstums vom Umweltverbrauch wird von den Menschen nicht ernsthaft genug nachgedacht. Dazu gefällt ihnen ihre Rolle als Nimmersatts zu gut – egal wie gestresst sie dabei durch die damit einhergehenden Produktivitätsanforderungen auch werden."

Bei seiner abendlichen Zusammenfassung war der kleine Rabe hochkonzentriert. Jetzt merkt Jannis schlagartig, wie anstrengend die Lektion über das menschliche Wirtschaften heute war, und er schafft gerade noch, zu krächzen: „So, nun muss ich schlafen, um das Gelernte zu verarbeiten."

Und Konradin verkneift sich deshalb die kleine Korrektur, dass auch der Kommunismus mit ökologischen Nachteilen zu kämpfen hat.

Kapitel 4

Wer bestimmt bei den Menschen?

Konradin und Jannis haben sich von der warmen Strömung kreuz und quer durch die Lüfte tragen lassen und lange Verstecken in den Wolken gespielt. Nun sitzen sie vom Flugwind zerzaust am Rand des Parkteichs auf einem Stein und trinken genüsslich Wasser.

„Na, mein Sohn, bist du heute satt geworden oder sollen wir noch eine Runde drehen und schauen, ob wir jetzt in der Dämmerung noch ein paar Würmer und Käfer finden?"

Jannis muss nicht lange überlegen: „Papa, ich habe tagsüber so viel Essen im Park gefunden, dass ich nur noch hungrig bin, weiter von den Menschen zu erfahren."

„Wie kann ich deinen Hunger nach Wissen denn heute stillen?" Jannis krächzt: „Ich weiß zwar jetzt schon einiges über den Menschen; ich kenne seine Bedürfnisse; ich habe verstanden, wie sein Zusammenleben funktioniert, dass er wie die Elstern viele Gegenstände sein Eigen nennen möchte und dass er von unaufhaltsam wachsendem Wohlstand träumt.

Ich weiß aber immer noch nicht, wer bei den Menschen bestimmt. Sind das die Weibchen oder die Männchen, die dicken oder die dünnen, die dunkelhäutigen oder die weißen Menschen?"

„Möchtest du wissen, wer innerhalb einer Menschenfa-
milie die Entscheidungen trifft? Oder möchtest du wissen, wie die Menschen zu verbindlichen Entscheidungen
für die Gemeinschaft kommen?", fragt Konradin nach.
„Ich möchte wissen, wie die Gemeinschaft Entscheidungen trifft, Papa, denn bei den Familien habe ich den Eindruck, dass das von Familie zu Familie unterschiedlich
sein kann!"

Konradin schießt los: „Also, dein Eindruck täuscht dich
nicht. Bei den Familien bestimmen, je nach Familie, mal
die Weibchen, mal die Männchen, mal abwechselnd oder
beide zusammen. Und je älter die Kinder werden, desto
eher beziehen die Eltern diese bei Entscheidungen mit
ein. Zumindest ist das meistens so. Ich habe sogar Familien beobachten können, bei denen bereits die ganz jun-
gen Kinder alles allein bestimmen dürfen. Dies ist nicht
immer zum Vorteil für die ganze Familie, weil sich die Be-
urteilungsfähigkeit der Menschen, das ist die Fähigkeit,
Vor- und Nachteile anhand bestimmter Kriterien – als
Voraussetzung für eine gute Entscheidung – abzuwägen,
erst mit der Zeit entwickelt. Noch komplizierter wird es,
wenn auch noch die Großeltern mit in der Familie leben
oder Verwandte zu Besuch kommen. Auch hier gibt es
alle Entscheidungsvarianten."
Jannis unterbricht seinen Vater: „Papa, du schweifst ab!"
Der gelehrte Vater fühlt sich ertappt: „O.K., Jannis. Betrachten wir nun das Entscheidungsverhalten von Gruppen. Die Menschen nennen es politisches oder auch kol-
lektives Entscheidungsverhalten. Ich habe dir erklärt,
dass das menschliche Zusammenleben, im Großen wie

im Kleinen, durch Regeln organisiert wird und dass diese auf Wertvorstellungen – also gemeinsamen Zielvorstellungen des Zusammenlebens – basieren. Je mehr du den Menschen beobachtest, desto mehr wirst du feststellen, dass friedfertiges Zusammenleben überall dort anzutreffen ist, wo vereinbarte Regeln auch beachtet werden.

Als ich dir vor zwei Tagen anhand des Eisbergmodells die Funktionsweise des menschlichen Zusammenlebens erklärt habe, bin ich nicht im Detail auf die Umsetzung eingegangen, also beispielsweise auf den Prozess, wie aus informellen Regeln formelle Regeln werden. Das möchte ich heute gerne nachholen. Diese Umsetzung wird regional verschieden gehandhabt. Lass mich dazu etwas weiter ausholen:

Als erwiesen gilt, dass Menschen und Affen gemeinsame Vorfahren haben. Wir können uns den Menschen demnach vereinfacht als eine weiterentwickelte Affenart vorstellen. Affen leben, wie du von deinen Reisen mit mir weißt[1], in der Regel in Horden. Das Zusammenleben in den Horden verläuft nicht immer friedlich; beispielsweise kann es zwischen männlichen Affen zum Streit um eine Partnerin kommen. Der Verlierer wird aus der Horde vertrieben. Das Gleiche kann zwischen weiblichen Affen passieren. Und wie es der Zufall manchmal will, laufen sich die vertriebenen Tiere über den Weg und gründen eine neue Horde. Affen sind gesellige Lebewesen. Das hat die Natur geschickt gemacht, denn allein haben die

Entwicklung von
Staaten

Affen schlechtere Überlebenschancen. Denk nur an Nahrungssuche oder die Abwehr von Feinden, von der Vermehrung einmal ganz zu schweigen!"

Jannis unterbricht seinen Vater: „O.K., Papa, lass mich raten! Da die Menschen mit den Affen verwandt sind, haben sie sich ähnlich verhalten. Und so kam es zur Verbreitung des Menschen über die Erde."

Konradin nickt heftig: „Exakt, Jannis. Bevor die Menschen sesshaft wurden, zogen sie über Jahrtausende in kleinen Gruppen als Jäger und Sammler umher. Und wenn sie zusammenstießen, mischten sich einzelne Gruppen auch wieder. Das bedeutet, dass alle Menschen auf der Erde irgendwie miteinander verwandt sind, aber die Verbreitung über die Erde dauerte sehr lange – so lange, dass sich die Menschen auf den unterschiedlichen Erdteilen entsprechend den jeweiligen Fähigkeiten ihrer Gruppenmitglieder und den örtlichen Notwendigkeiten auch unterschiedlich entwickeln konnten. Deshalb verständigen sich nicht alle Menschen in der gleichen Sprache und unterscheiden sich auch körperlich. Die Menschen sprechen aufgrund der unterschiedlichen kulturellen und genetischen Entwicklungen von unterschiedlichen Völkern."

„Die körperlichen Unterschiede sehe ich. Was genau verstehst du unter *Kultur*?", fragt Jannis nach.

Kultur

„Ich habe dir am ersten Abend von den Eigenschaften der einzelnen Menschen berichtet – davon, dass es beispielsweise freundliche oder unfreundliche, gesellige oder ungesellige Charaktere gibt. Unter Kultur verstehe ich die

Eigenschaften einer ganzen Gruppe von Menschen. Eine Gruppe entwickelt ihre Eigenschaften aus gemeinsamen Erfahrungen in den Sippen und diese sind damit Ergebnis sozialen Lernens", erklärt Konradin.[104]

„Es gibt beispielsweise offene oder geschlossene, hierarchische oder weniger hierarchische Gemeinschaften von Menschen. In Letzteren hat der einzelne Mensch mehr individuellen Entscheidungsspielraum als in Ersteren. Typisch für die Bevölkerung unserer Region ist die hohe Bedeutung der beruflichen Tätigkeit und damit von Werten wie Pünktlichkeit und Genauigkeit, aber auch die Liebe zum Fußball."

Fußball kennt Jannis durch die spielenden Kinder im Park und Konradin fährt fort: „Bitte merke dir, dass es eine Vielzahl von Kulturen gibt. Nicht nur Völker haben bestimmte kulturelle Eigenschaften, sondern auch Sport- oder Arbeitsgruppen haben spezifische Eigenschaften. Da Menschen verschiedenen Gruppen angehören, besitzen sie gleichzeitig eine Vielzahl an kulturellen Zugehörigkeiten."[105]

Bei Jannis macht es in dem Augenblick klick: „Verstehe! Dann ist Kultur die Erklärung für den sozialen Einfluss der Gruppe auf den einzelnen Menschen und sie erzeugt das Zugehörigkeitsgefühl und den Chamäleoneffekt, den du mir beschrieben hast!" Konradin krächzt stolz: „Exakt, Jannis! Ich merke, du beginnst, die Zusammenhänge zu erkennen.

Mit Kultur ist der untere Teil des Eisbergs mit den Einstellungen, Werten und Sitten gemeint. Kultur ist sozusagen ‚ein Orientierungssystem mit allgemein anerkannten Standardvorgaben, das es ermöglicht, in einer für alle

Mitglieder einer sozialen Gruppe ‚akzeptablen' Weise zu handeln.'[106] Zur Kultur gehören neben spezifischen Werten und Regeln beispielsweise auch bestimmte Essgewohnheiten oder Rituale wie bestimmte Tänze und Lieder."

„Oh ja, die menschlichen Tänze und Lieder sind regional teilweise sehr unterschiedlich", weiß Jannis aus eigener Erfahrung zu berichten. „Und dennoch gefallen mir die meisten, weil die Menschen dabei glücklich und friedlich sind. Nur manchmal, wenn ich schlafen möchte und sie noch laut singen und tanzen, stören sie mich."

Der große Rabe nickt wieder zustimmend: „Ja, Jannis, oder schlimmer, wenn sie zu besonderen Anlässen, beispielsweise am Ende eines Jahres, viele kleine Leuchtkugeln in den Himmel schießen. Da sollten wir dann besser Schutz suchen. Solche Riten und Bräuche haben den Zweck, Spannungen abzubauen und für Ausgleich zu sorgen.[107]"

Jannis kichert: „Spannungen abbauen! Die Menschen merken dabei gar nicht, dass sie mit solchen Riten Spannungen zwischen sich und den übrigen Lebewesen auch aufbauen können." Dann wird Jannis wieder ernst: „Mir ist bei unseren Reisen auch aufgefallen, dass an manchen Orten die Familie wichtiger ist als an anderen Orten. Bei uns in der Region ziehen die Kinder irgendwann aus und gründen – nach einer gewissen Zeit – ihre eigenen Familien. Die Menschenkinder werden tagsüber auch meist von Menschen betreut, die nicht zur Familie gehören. In anderen Regionen bleiben die Kinder bei den Eltern im Haus wohnen und stocken das Haus einfach um eine Etage auf oder bauen direkt neben den Eltern ihr eigenes

Haus auf – und ihre Kinder werden von den Großeltern betreut.

In unserer Region trauen sich die Kinder, wenn sie älter werden, ihren Eltern auch einmal zu widersprechen. In anderen Regionen hingegen widersprechen die jüngeren Menschen nicht den älteren."

Konradin freut sich über die Beobachtungsgabe seines Sohns: „Exzellent, Jannis! In bestimmten Völkern beziehungsweise Gruppen hat sich eine Kultur entwickelt, in der der einzelne Mensch im Mittelpunkt steht. Die Menschen sprechen von einer individualistischen Kultur. Typisch hierfür ist ein ausgeprägtes Streben nach individueller Entfaltung. In anderen hat sich eine Kultur entwickelt, die der Gemeinschaft einen höheren Stellenwert beimisst. Die Menschen bezeichnen diese als kollektivistische Kultur. Charakteristisch ist ein ausgeprägtes Streben nach Konformität, also nach Übereinstimmung.

Um es vollends kompliziert zu machen, gibt es als kollektivistisch angesehene Kulturen mit höchst individualistischen Zügen und umgekehrt."

„Welche Kultur ist die beste?", fragt Jannis. „Das kann man nicht pauschal sagen", erwidert ihm sein Vater und erläutert: „In den Völkern beziehungsweise Gruppen mit einer individualistischen Kultur muss diese Art der Kultur Vorzüge gehabt haben; sonst hätte sie sich nicht so entwickelt. Und in den Völkern beziehungsweise Gruppen mit der kollektivistischen Kultur muss diese Vorzüge gehabt haben. Die kulturellen Merkmale sind auch nicht unveränderlich, sondern entwickeln sich kontinuierlich weiter, wenn dies für das Zusammenleben förderlich ist."

Konradin sieht Jannis' fragenden Blick und konkretisiert die kulturellen Unterschiede am Beispiel der menschlichen Entwicklung: „Als Jäger und Sammler hatten die Menschen früher einen besonders ausgeprägten Sinn für Gemeinschaft und Zugehörigkeit. Gemeinsam jagten sie die großen Tiere und teilten die Beute.[108] Als sie dann sesshaft wurden, anfingen, Tiere zu halten, den Ackerbau entdeckten und so Nahrungsvorräte anlegen konnten, veränderte sich ihre Solidarität, da sie weniger auf den Nachbarn angewiesen waren.[109] Die Menschen unterstützen heute eher eine von ihnen selbst ausgewählte Anzahl an Menschen, zu denen nicht zwangsläufig die Nachbarn gehören müssen.
An dem Beispiel siehst du, dass sich ein kultureller Veränderungsprozess sehr langsam, also über Jahre, wenn nicht gar Jahrzehnte, vollzieht und daher für uns Raben schwer zu beobachten ist."

Der kleine Rabe krächzt: „Das erklärt doch einiges von dem egoistischen Verhalten. Mich wundert es, dass der Mensch dann überhaupt noch solidarisch handelt."

Konradin nimmt nochmal einen Schluck Wasser, bevor er Jannis erklärt: „Aufgrund der unveränderten Bedürfnisse nach Zugehörigkeit und Selbstwert unterstützen die Menschen auch heute noch ihre Mitmenschen, auch wenn die Solidarität vordergründig vielleicht nicht mehr vom Grundbedürfnis nach Nahrung oder Sicherheit ausgeht.
Was die Befriedigung seiner Bedürfnisse angeht, hat es sich für den Menschen auch nach dem Sesshaftwerden

als vorteilhaft erwiesen, wenn er über die Familie hinaus kooperiert. Betrachten wir das Beispiel Sicherheit. Mit dem starken Anstieg der menschlichen Population wurde es auf einmal notwendig, Felder und Vorräte – die die Menschen seit dem Sesshaftwerden als ihr persönliches Eigentum betrachten – zu verteidigen. Nicht zuletzt mit dem Verlangen einzelner Despoten, das sind Menschen, die unter Anwendung von Gewalt über andere Menschen herrschen wollen, nach immer mehr Landeigentum stieg der Sinn der Bildung von Zweckgemeinschaften zur Verteidigung.[110]

Und wie du schon weißt, beschränkt sich die Kooperation nicht nur auf die Verteidigung. Die menschliche Arbeitsteilung hat – wie wir beobachten können – nicht nur ein immer feingliedrigeres, sondern auch ein weltweites Ausmaß angenommen. So werden beispielsweise Teile der hier bei uns auf den Straßen fahrenden Autos in anderen Erdteilen gefertigt, während du die hier bei uns gefertigten Autos ebenfalls in anderen Erdteilen antriffst. Für uns spannend zu beobachten, wird es immer, wenn Menschen sehr verschiedener Kulturen zusammenleben und zusammenarbeiten – nicht allein wegen der sprachlichen Unterschiede und den aus ihnen erwachsenden Herausforderungen zu kommunizieren, sondern auch aufgrund der unterschiedlichen Gewohnheiten im Alltag beim Essen, Feiern, der Kindererziehung und vielem mehr. Wir tun uns ja selbst schwer, die Sprache der Elstern zu verstehen, und auch mit ihrer Gewohnheit, glitzernde Gegenstände zu horten."

Konradin macht eine kurze Pause, bevor er fortfährt: „Nun nähern wir uns langsam deiner eigentlichen Frage, wer bei den Menschen bestimmt: Zur Zeit der Jäger und Sammler gab es bei den Menschen keine ausgeprägte Hierarchie. Erst mit dem Sesshaftwerden begannen Menschen, andere Menschen beherrschen zu wollen.[111] Ähnlich wie bei den meisten Affenhorden war dann häufig der jeweils stärkste Mann innerhalb einer Menschensippe das Oberhaupt dieser Sippe. Dieser wurde von den Konkurrenten, die auch einmal an die Macht wollten, immer wieder herausgefordert, seine Stärke unter Beweis zu stellen. So musste er sehr viel Zeit für die Verteidigung seiner Macht aufbringen, die ihm dann unter anderem für die Erziehung seines Nachwuchses fehlte. Und im schlimmsten Fall konnte dies für ihn sogar tödlich ausgehen. Daher haben sich im Laufe der Zeit Alternativen zu dieser Art der Sippenführung entwickelt.[112]

Natürlich gab und gibt es die Versuche, dass der menschliche Machthaber die einmal errungene Macht rechtzeitig an besonders treue Gefolgsleute oder die eigenen Nachkommen weiterreicht. Dabei geht jedoch ebenfalls sehr viel Energie verloren, wenn es den herrschenden Sippen nicht gelingt, eine bleibende Akzeptanz für ihre Macht zu schaffen – oft, weil sie zu selbstherrlich werden, sodass die anderen Sippenmitglieder den Aufstand wagen. Ein Machterhalt ist dann sehr aufwändig.

Die Menschen haben daher schon früh, basierend auf ihren Fähigkeiten und Stärken, zu einer Arbeitsteilung gefunden. So haben sich in der Region, die die Menschen

Griechenland nennen, schon vor 2500 Jahren die besonders starken Menschen um die Verteidigung gegenüber anderen Sippen und Völkern gekümmert. Die besonders klugen Menschen haben sich um die Wissenschaften und das Regieren gekümmert und die übrigen als Bauern, Handwerker und Kaufleute um die Versorgung. Diese Aufteilung der Zuständigkeiten nach Fähigkeiten und Stärken ist effektiv. Sie führt natürlich aber auch zu Ungleichheit beziehungsweise zu Bevormundung, da die Menschen dann meist ihr Leben lang an die Ausübung einer Tätigkeit gebunden sind."[113]

Jannis schaut seinen Vater ungläubig an: „Woher weißt du, was vor 2500 Jahren war?" Konradin antwortet lächelnd: „So haben es mir meine Eltern berichtet, die es wiederum von ihren Vorfahren übermittelt bekommen haben."

Der kleine Rabe staunt und möchte mehr über die Organisation der menschlichen Gesellschaft wissen: „Was ist die beste Art, eine Gemeinschaft zu organisieren, Papa?" „Besonders wertgeschätzt wird die Kooperationsform, bei der alle Menschen mitbestimmen dürfen"[114], erklärt Konradin und findet ein analoges Beispiel aus dem Tierreich. „Also, genauso wie bei den Bienen. Diese strömen von ihrem Nest in alle Richtungen aus, um nach Nektarquellen zu suchen. Dann fliegen sie ins Nest zurück und versuchen, Mehrheiten für ihre Nektarquelle zu finden. Der Biene, die am besten von ihrer Nahrungsquelle überzeugen konnte, fliegt der Schwarm nach.

Die Menschen nennen diese gemeinschaftliche Herrschaft des Volkes Demokratie.[115] Diese Form scheint

Demokratie

dem menschlichen Anspruch als rationale, freie und verantwortungsvolle Lebewesen[116] am besten gerecht zu werden. Regeln und Gesetze, die durch Mitbestimmung aller Menschen zustande kommen, genießen bei den Menschen die höchste Anerkennung oder – wie die Menschen es nennen – Legitimation. Wobei man *aller Menschen* noch präzisieren muss. Gemeint waren damit zunächst einmal alle erwachsenen, männlichen Menschen. Dass Frauen mitbestimmen dürfen, ist bei den Menschen verhältnismäßig neu. Und seit Kurzem dürfen zu bestimmten Themen in manchen Regionen auch jüngere Menschen mitbestimmen."

Der kleine Rabe hört aufmerksam zu und hakt nach: „Papa, nach allem, was du mir über den Menschen mit seinem Sinn für Gerechtigkeit und Freiheit erzählt hast, kann ich mir gut vorstellen, dass ihnen eine gemeinsame Herrschaft besser gefällt als eine Alleinherrschaft oder eine Herrschaft von Wenigen.

Ist Demokratie aber nicht superschwer zu bewerkstelligen, wo es doch so viele Menschen auf der Erde gibt?"

Zustimmend erwidert Konradin: „Da hast du natürlich recht. Wachsende Gesellschaften brauchen an die Größe angepasste Regeln für das Zusammenleben. Entsprechend ist es in der Tat sehr schwer, alle Menschen an der Herrschaft zu beteiligen.

Vielleicht gelingt es ihnen mit dem Internet, die Beteiligung zukünftig noch besser hinzubekommen. Aber bis es überhaupt zur gemeinsamen Herrschaft kam, musste das Volk sich diese Freiheit erst einmal von den ehemaligen Machthabern erkämpfen. Das ging oft mit viel Blutvergießen vonstatten. Schockiert von den Worten, fragt

Jannis nach: „Warum sind die Übergänge blutig?" Seuf-
zend antwortet ihm der weise Rabe: „Weil die Despoten
oftmals nicht freiwillig auf ihre errungene oder geerbte
Macht verzichten."

Dann präzisiert Konradin: „Die Beteiligung des Volkes ist
häufig in einem sogenannten Gesellschaftsvertrag – den
die Menschen *Verfassung* nennen – geregelt. Dieser
wurde durch Mehrheitsbeschluss der Stimmberechtig-
ten für alle Menschen einer Region als verbindlich vereinbart.

In diesem Vertrag sind neben den Rechten der Bürger
und der Grundordnung des politischen Gemeinwesens
auch die Aufgaben des Staates und seiner Organe defi-
niert.[117]" Beispielsweise steht auch darin, wie der Staat
für die Gemeinschaft bindende Entscheidungen herbei-
führt."

Und Konradin fährt fort: „Bei einem demokratischen
Staat heißen die Staatsangehörigen Bürger – im Gegensatz zu Untertanen in einer Monarchie."

„Ich vermute, es ist alles andere als leicht, so eine Verfassung aufzustellen", krächzt der junge Rabe. „Ja, Jannis,
hier sind die besonders erfahrenen und klugen Menschen
in der Pflicht und oft wird lange um einzelne Wörter gerungen, bis so ein Vertrag verabschiedet wird. Schließlich ist er für die Menschen in einem Staat von großer Bedeutung. Vollständigkeitshalber möchte ich erwähnen,
dass es auch Staaten mit gewachsener Verfassung gibt,
bei der die Erstellung kein einmaliger Vorgang war, und
es gibt sogar Demokratien, die ganz ohne *geschriebene*
Verfassung auskommen."

Jannis muss nachfragen: „Was genau verstehen die Menschen unter einem *Staat* – du hast den Begriff ja gestern schon einige Male benutzt – und wie funktioniert eine Demokratie genau?" Konradin doziert: „Mit Staat wird das Gebiet bezeichnet, auf das sich der Gesellschaftsvertrag bezieht und in dem er gültig ist. Als die Menschen sesshaft wurden, entwickelten sich zunächst kleinere Staaten, die durch Zusammenschlüsse – meist nicht friedlich, sondern ebenfalls mit viel Blutvergießen – im Laufe der Zeit beträchtliche Ausmaße annehmen konnten."

Konradin schnattert mit seinem Schnabel einen Trommelwirbel: „Und jetzt kommt das Geheimnis der Demokratie! Für eine Demokratie ist eine Aufteilung der Staatsgewalt, also der grundlegenden Aufgaben und Verantwortlichkeiten des Staates, auf drei Hauptorgane – sogenannte *Gewalten* – typisch." Hier muss Jannis sofort nachfragen: „Was kann man darunter verstehen?" Konradin erklärt: „Also, das ist das Parlament, auch als *Legislative* bezeichnet, die Regierung, auch als *Exekutive* bezeichnet, und die Rechtsprechung, auch als *Judikative* bezeichnet. Die drei Gewalten kontrollieren sich gegenseitig, damit nicht zu viel Macht in einer Gewalt gebündelt ist. Das ist das Geheimnis der Demokratie. Während zuvor einzelne Herrscher alle Macht in der Hand hatten, haben sich die Menschen jetzt Organe geschaffen, zwischen denen die Macht aufgeteilt ist. Und das macht das einseitige Ausnutzen der jeweiligen Macht erheblich schwerer."

Neugierig bittet Jannis: „Erkläre mir das im Einzelnen, Papa!" Konradin bemüht sich um möglichst einfache Erläuterungen: „Aufgrund der großen Zahl an Menschen übertragen die Bürger eines Staates ihre Herrschaftsmacht für einen bestimmten Zeitraum an einzelne Menschen, sogenannte Politiker, die das Volk dann vertreten. Die Übertragung kann per Los erfolgen oder per Wahl. Letzteres ist die aktuell verbreitetste Variante. Die Politiker kümmern sich stellvertretend für die Bürger um die Gestaltung der geltenden Regeln. Dazu treffen sie sich regelmäßig im Parlament und diskutieren dort intensiv über Entwürfe für bestimmte Regeln und stimmen dann über diese ab. Wenn eine Mehrheit für einen Entwurf stimmt, wird aus ihm eine formelle Regel. Die Menschen nennen diese Gesetz." „Und wenn sich keine Mehrheit findet?", fragt Jannis interessiert nach.

Konradin fühlt sich in seinem Vortrag zunehmend von den immer lauter quakenden Fröschen gestört und signalisiert ihnen, mit seinen Flügeln gestikulierend, sich einen anderen Uferabschnitt für ihre abendliche Unterhaltung am Teich zu suchen. Zum Glück haben die Frösche seine Gesten richtig gedeutet und schwimmen davon.

Konradin kann fortfahren: „Dann müssen die gewählten Politiker den Entwurf so lange weiterentwickeln, bis sich eine Mehrheit findet oder das Gesetz tritt nicht in Kraft. Die formellen Regeln beinhalten die Rechte und Pflichten der Bürger, Unternehmer oder Mitglieder staatlicher Organe. Ein Beispiel sind die universellen Menschenrechte, die in vielen Staaten als sogenannte Grundrechte verankert werden."

„Menschenrechte? Das klingt spannend! Was ist damit gemeint?", fragt Jannis nach. „Die Menschen haben die Vorstellung, dass jedem Menschen von Geburt an die gleichen Rechte – beispielsweise das Recht auf Leben, das Recht auf Bewegungs- beziehungsweise Reisefreiheit, das Recht auf freie Berufswahl – eigen sind",[118] antwortet Konradin. „Du erkennst hier sehr gut die zugrunde liegenden Wertvorstellungen Würde, Gerechtigkeit, Freiheit und Gleichheit wieder. Dafür haben die Menschen ja schon lange auf ihrem Weg zur Demokratie gekämpft." Der kleine Rabe hört vor Lachen schon gar nicht mehr zu: „Bewegungsfreiheit, Recht auf freie Berufswahl – meine Güte, haben die Menschen Probleme. Wie gut, dass ich ein Rabe bin!" Warum lachst du?" Jannis plustert sich auf: „Als Rabe kann ich mich vollkommen frei bewegen und tun, was ich möchte." Konradin mahnt zur Bescheidenheit: „Du kannst viele Menschenrechte auch auf uns Raben übertragen. Denk an die streunenden Katzen, die deine Bewegungsfreiheit einschränken, und an die Pflicht, anderen Raben in Not zu helfen."

Jannis kommt zur Ruhe und Konradin fährt fort: „Da es – in Abhängigkeit von der Größe des Staates – meist sehr viele Vertreter gibt, wählen diese Vertreter aus ihrem Kreis den Regierungschef. Dieser ernennt die weiteren Regierungsmitglieder, die man auch *Minister* nennt. Zusammen bilden sie die Regierung, die sogenannte Exekutive, also die zweite Gewalt, die ich nannte, die den Staat für den Zeitraum bis zur nächsten Wahl steuert.
An die Judikative – die Rechtsprechung, die dritte Gewalt – können sich Bürger, Unternehmen oder Mitglieder

staatlicher Organe jederzeit wenden, wann immer von anderen Bürgern, Unternehmen oder Staatsorganen gegen die formellen Regeln, also durch das Parlament mit Mehrheitsbeschluss erlassenen Gesetzen, verstoßen wird."

Jannis hört wieder konzentriert zu: „Das ist schlau, Papa. Habe ich dich richtig verstanden: Die Menschen in einer Region schließen also im Normalfall einen Vertrag, der das Zusammenleben regelt? Das ist doch meist ein einmaliger Vorgang. Was ist mit Menschen, die mit dieser Grundordnung nicht einverstanden sind?"

Seine Anerkennung äußernd, erläutert Konradin: „Klasse Frage! In vielen Regionen geschah die Verfassungsgebung schon vor langer Zeit, auch wenn das Thema in anderen Regionen ganz aktuell ist.

Und auch in etablierten Demokratien wird regelmäßig um die Ausgestaltung der Regeln gerungen. Denn zur Demokratie gehört auch, dass nicht alle Sichtweisen berücksichtigt werden, sondern nur die, die die Mehrheit finden.

Wenn jemand mit der Grundordnung nicht einverstanden ist, kann er in einem demokratischen Rechtsstaat seine abweichende Meinung öffentlich kundtun, denn zu den Rechten der Menschen in einer Demokratie gehört das Recht auf freie Meinungsäußerung. Oder er kann sich an die Vertreter oder Gruppen wenden, die seiner Meinung sind, um gemeinsam zu versuchen, für eine Verfassungsänderung eine Mehrheit zu finden.

Die Organe eines Staates müssen sich bewähren, sonst werden sie angepasst. Nur bestimmte Grundrechte und

Bestimmungen sind durch eine Ewigkeitsklausel geschützt und – zumindest hier bei uns in der Region – von
Verfassungsänderungen ausgeschlossen." Der kleine
Rabe bekommt große Augen: „Warum das Papa, das ist
doch nicht demokratisch?" Sein Vater erklärt ihm: „Aber
es dient dem Schutz von Minderheiten, beispielsweise
von Menschen mit einer anderen Hautfarbe oder von
Menschen mit einer anderen sexuellen Identität. Letzteres wären beispielsweise Männer, die sich als Frau fühlen,
und umgekehrt sowie Mischformen. Gute Verfassungen
stellen sicher, dass die Grundrechte für alle Menschen
gelten und nicht die Mehrheit eines Landes eine Minderheit diskriminieren darf." Jannis staunt: „Wow, das ist
clever, Papa!"

„Ja, das ist clever und stellt den persönlichen Schutz des
Individuums sicher. Über andere Themen kann und soll
das Parlament frei entscheiden."
Und der große Rabe fährt fort: „Während die Aufgabe
des Wirtschaftens die Knappheitsbewältigung ist, ist die
Aufgabe des Politischen, bindende Entscheidungen für
die menschliche Gemeinschaft zu treffen und dadurch
für Stabilität zu sorgen. Die große Kunst besteht – wie
auch in Unternehmen – darin, auch diejenigen mitzunehmen, die mit dem jeweiligen Ergebnis nicht einverstanden sind.[119] Die *Überstimmten* müssen das Ergebnis mittragen und sich genauso daran halten. Sie tun dies, wenn
sie das politische System grundsätzlich für gerecht halten, Entscheidungen nicht für alle Zeiten gelten, Politiker
auch nur begrenzt an der Macht sind und regelmäßig
ausgetauscht werden und sie somit auf politischem Weg

die Möglichkeit haben, das Ergebnis irgendwann wieder zu ändern, wenn sich die bisherigen Mehrheiten ändern. So hat das Parlament beispielsweise das Renteneintrittsalter – das ist die Altersgrenze, aber der die Menschen nicht mehr arbeiten müssen und stattdessen Rente erhalten, nach oben gesetzt. Dagegen gab es auch Gegenwehr, weil es Fälle gibt, für die die Hochsetzung als ungerecht empfunden wird. Es kann also sein, dass das Parlament in einiger Zeit noch einmal über das Renteneintrittsalter abstimmt und zu einem gegenteiligen Beschluss kommt."

Sichtlich beeindruckt fragt Jannis: „Wie bilden die Menschen ihre Meinung? Erzählt jeder Mensch, der sich als Vertreter zur Wahl aufstellen lässt, was er nach der Wahl vorhat – wie die Bienen den Mitbienen von ihrer jeweiligen Futterquelle berichten?"

„Sehr gute Frage, Jannis. Bestimmte Themen finden bei den Menschen natürlich mehr Aufmerksamkeit als andere und die Menschen können sich Gruppen – sogenannten Parteien und Bewegungen – anschließen, die ihren Themen und Wertvorstellungen besonders viel Aufmerksamkeit schenken und daher für bestimmte politische Richtungen stehen." „Was sind das für Themen?", will Jannis konkret wissen und aus Konradin sprudelt es nur so heraus: „Anders als bei den Bienen steht die Nahrung in wohlhabenden Regionen nicht im Vordergrund. Die klassischen Themen der Menschen sind Sicherheit und Ordnung, der Bereitstellungsumfang kollektiver Güter, die Nutzung der Gemeingüter wie Wasser sowie Landschaft und biologische Vielfalt.[120] Es sind also

Themen des Gemeinwohls und Grundsatzthemen wie soziale Gerechtigkeit und Chancengerechtigkeit."

Der kleine Rabe hakt ein: „Was verstehen die Menschen unter kollektiven Gütern?" Konradin lacht: „Müsstest du dies nicht langsam wissen? Kollektive Güter sind Güter, die die Gesellschaft gemeinsam bereitstellt und nutzt, weil sie davon profitiert, wie Kindergärten, Schulen, Krankenhäuser und Verkehrsinfrastruktur.

Eine ganz wichtige und grundsätzliche politische Frage, die die Menschen in Zusammenhang mit diesen Themen gerne diskutieren, ist, wie viel Einfluss der Staat überhaupt haben soll. Hier kommt wieder die Ausrichtung der Parteien ins Spiel. Ganz grob lassen sich drei Strömungen unterscheiden: Der *Liberalismus* setzt sich für eine größtmögliche Freiheit des Individuums gegenüber staatlicher Gewalt ein[121], nach dem Motto: ‚So viel Staat wie nötig, so wenig wie möglich'. Die extremste Variante wäre bei dieser Position ein Minimalstaat, der nur für die äußere Sicherheit sorgt. Der *Konservatismus* als zweite Strömung betont besonders Werte wie Identität, Sicherheit und Beständigkeit[122] und der *Sozialismus* als dritte Strömung sieht die Aufgabe des Staates darin, für Freiheit, Gleichheit und Solidarität zu sorgen."[123]

Jannis schaut seinen Vater hilfesuchend an, bis dieser merkt, dass er wieder zu tief in den Details war. Er ringt nach einfacheren Worten: „Eigentlich geht es darum, dem einzelnen Menschen aufzuzeigen, wie ihm der Staat nutzt.

Das tun die Parteien. Und wie eben gesagt, gibt es zu jeder Strömung Parteien, die sich mehr oder weniger stark hinter eine spezifische Richtung stellen.

Diese wiederum bestimmen Kandidaten für die verschiedenen Ämter im Parlament. Die Bürger haben dann bei den Wahlen die Möglichkeit, für die Parteien oder auch direkt für die Kandidaten zu stimmen. Somit weiß der Bürger im Voraus ungefähr, was er erwarten kann, sollte seine Partei die Mehrheit der Stimmen bekommen. Je nachdem, wie viele Wählerstimmen die Parteien bei einer Wahl erhalten haben, müssen sie sich zusammenraufen – die Menschen nennen dies koalieren –, um eine Mehrheit im Parlament zu bekommen, die den Regierungschef wählt. Der Regierungschef und seine Minister setzen zumeist die Themen auf die Bearbeitungsliste, über die das Parlament – nach intensiver Diskussion und Beratung – entscheidet und zu denen es bei Bedarf Gesetze erlässt oder anpasst." Jannis unterbricht seinen Vater: „Kann das Parlament auch selbst Themen einbringen?" „Na klar." Konradin möchte Jannis hierzu die Details erläutern, aber dieser fragt schon weiter: „Ist die Bildung von Parteien wie die Verfassungsgebung eher ein einmaliger Vorgang oder entstehen immer mal wieder neue Parteien?"

Konradin reißt sich zusammen und antwortet direkt auf die neue Frage: „Es kommt darauf an, ob sich alle Wähler von den existierenden Parteien ausreichend vertreten fühlen. Wenn sich ein Teil von den bereits bestehenden Parteien nicht mehr vertreten fühlt, kommt es üblicherweise zur Neugründung von Parteien."

„O.K. Und je nach Wahlergebnis werden dann vom Parlament formelle Regeln erlassen, die diese politischen Richtungen widerspiegeln?", bohrt Jannis wissbegierig weiter.

Konradin muss erst einmal einen Schluck Wasser trinken, bevor er fortfährt: „Genau so ist es. Der Staat erhält dadurch mal mehr und mal weniger Macht beziehungsweise die Bürger und Unternehmen mal mehr und mal weniger Selbstverantwortung, je nach politischer Mehrheitsausrichtung. Es ist also entscheidend, ob liberale, konservative oder sozialdemokratische Parteien die Mehrheit erhalten. Erinnerst du dich?"

Jannis nickt und Konradin fährt fort: „Die extremen Positionen wären auf der einen Seite ein Staat, der lediglich dazu da ist, für die äußere Sicherheit gegenüber den benachbarten Staaten zu sorgen – bei weitgehender Selbstverantwortung der Bürger, auch, was die innere Sicherheit anbelangt. Mit innerer Sicherheit meine ich die Sicherheit innerhalb der Gesellschaft, beispielsweise den Schutz vor Bedrohungen wie Gewalt.

Das entgegengesetzte Modell wäre ein Staat mit umfassender Fürsorgepflicht gegenüber seinen Bürgern. Das wäre dann ein Staat mit zahlreichen Gesetzen, die die Bereitstellung kollektiv nützlicher Güter wie medizinischer Versorgung, Bildung oder Infrastrukturnetzen für Kommunikation, Energie und Transport regeln. Außerdem wären die Rahmenbedingungen für die Wirtschaft und für die Nutzung von Gemeingütern wie Wald und Wiesen festgelegt. Ich habe gehört, dass es hier in der Region allein für die menschlichen Häuser über tausend Gesetze und Regelungen gibt, die die Ausgestaltung bis ins kleinste Detail regeln."

„Warum ist das so, Papa?", fragt der kleine Rabe sofort nach. „Stell dir vor, es gäbe so viele Gesetze für uns Raben, die bestimmen würden, wie wir unsere Nester zu bauen haben?", ermuntert Konradin seinen Sohn zum Selbstdenken. Jannis überlegt: „Na ja, die Häuser der Menschen sind halt aus viel mehr Materialien gebaut als unsere und viel größer. Daher regeln die Gesetze wahrscheinlich vor allem so Sachen, die ein Haus sicher machen, zum Beispiel, dass es nicht gleich einstürzt, oder auch, dass Materialien verwendet werden, die nicht so leicht brennen.

Aber warum muss man dem Hauseigentümer dies alles so genau vorschreiben? Könnte man nicht allgemeinere Vorgaben machen?", lautet für Jannis die sich anschließende spannende Frage.

„Die Welt ist nicht schwarz oder weiß, Jannis. Was in einer Region funktioniert, muss nicht zwangsweise auch in einer anderen funktionieren. Und selbst wenn in einer Region eine Variante gut funktioniert, mag es auch dort viele Individuen geben, für die eigentlich die andere Variante die bessere wäre."

Jannis ist etwas enttäuscht und krächzt: „Das ist jetzt wieder eine viel zu ungenaue Antwort."

Der weise Vater bemüht sich, der unaufhaltsamen Neugierde seines Sohns gerecht zu werden: „Verlässlichkeit sowie Gemeinwohl- und Zukunftsorientierung zeichnen für mich einen guten Staat aus."

Nach einer kurzen Pause fährt er fort: „Nicht nur Unternehmen stehen im Wettbewerb, wie ich dir erläutert habe, sondern auch Staaten. Menschen vergleichen zunehmend die staatliche Qualität. Es gibt hier zwar keinen *Markt*, auf dem Bürger Staatsbürgerschaften nach ihren

Was zeichnet einen guten Staat aus?

Vorlieben auswählen können; die Menschen werden jedoch mobiler und können auch in anderen Staaten arbeiten, wenn zwischen den Staaten entsprechende Vereinbarungen bestehen."

„Und wenn es solche Abkommen nicht gibt?", unterbricht Jannis seinen Vater. „Guter Einwand. Wenn die Not oder Perspektivlosigkeit sehr groß ist, flüchten Menschen trotzdem aus ihren Heimatländern und versuchen, in Länder mit besseren Lebensperspektiven zu gelangen – in der Hoffnung, dort Arbeit und Sicherheit zu finden."

„Passiert das häufig?", krächzt der kleine Rabe. „Soweit ich dies beurteilen kann, sind weltweit sehr viele Menschen auf der Flucht vor Unterdrückung und Perspektivlosigkeit."

In vielen Staaten wird Menschen, die anders denken als die, die die Regierung stellen, Gewalt angetan. Oder es fehlt der Jugend an Chancen, ihren eigenen Lebensunterhalt zu verdienen oder der Staat hat nicht das *Wohl aller* im Blick."

„Das ist ja ganz schön heftig!", entfährt es Jannis. „Jetzt, wo du mir die Zusammenhänge erklärt hast, verstehe ich langsam die immense Bedeutung von guter Politik für einen funktionierenden Staat. Politik ist in der Tat ebenfalls ein sehr spannendes Beobachtungsfeld."

Dann wird Jannis konkret: „Ich fände es wichtig, dass der Staat die Nutzung der Natur regelt. Dann gäbe es weltweit weniger Verschmutzung, Gewalt und Armut und die Menschen müssten auch nicht aus Not fliehen."

Konradin seufzt: „Die Befürworter des schlanken Staates würden dir antworten, dass die Selbstorganisation der Menschen hinsichtlich der Nutzung der Gemeingüter besser funktioniert und dass die Wirtschaft kollektive Güter effizienter bereitstellen kann.

Ich bin bei dir und vertrete ebenfalls die Ansicht, dass sich der Staat nicht völlig raushalten soll, weil die Marktwirtschaft, wie gestern erwähnt, verteilungs- und zukunftsblind ist und die Selbstorganisation nach meinen Beobachtungen nur bis zu einer bestimmten Gruppengröße funktioniert, bei der sich die Mitglieder untereinander noch persönlich kennen.

Die Wirtschaft sorgt auch nicht zwangsläufig für kollektive Güter oder die Einhaltung guter Lebensbedingungen, da bei ihr die Verfolgung der Eigeninteressen im Zentrum steht. Daher muss der Staat für entsprechende *ökosoziale* Rahmenbedingungen sorgen und deren Einhaltung überwachen. Denk nur wieder an das gestrige Beispiel einer Finanzkrise, die passieren kann, wenn die Banken sich selbst überlassen werden!

Allerdings sehe ich auch, dass die in der Privatwirtschaft eingesetzten Mittel an Material, Personal etc. – aufgrund der Eigenverantwortlichkeit – häufig effizienter eingesetzt werden als die Mittel, über deren Verwendung die staatlichen Einrichtungen bestimmen können. Folglich sollte der Staat die Privatwirtschaft bei der Erzeugung der kollektiven Güter wirkungsvoll mit einbinden. Eine alles andere als leichte Aufgabe, da Effizienz natürlich nicht das einzige Beurteilungskriterium sein darf.

Allmende-
system/Selbst-
verwaltung

Vgl. Soziales
Dilemma Kap. 3

Konradin fällt ein, dass er Jannis im Detail bislang nur die staatliche und privatwirtschaftliche Organisationsform erläutert hat: „In überschaubaren Gruppen ist manchmal auch ein dritter Weg, die Selbstverwaltung, sinnvoll, die sich insbesondere bei der Nutzung von Gemeingütern wie Gewässern und Wälder hervorgetan hat.
Stell dir dazu einen Küstenstreifen am Meer vor – mit einer begrenzten Anzahl an Familien, die vom Fischfang leben. Diese können untereinander Vereinbarungen treffen, wer wann an welcher Stelle fischen darf. Sie vermeiden damit eine Überfischung des Küstenstreifens und profitieren alle von dieser Abmachung." Jannis erinnert sich an die Erläuterung seines Vaters zu selbsterhaltenden und nicht selbsterhaltenden Regeln und fragt neugierig: „Und wenn sich eine Familie nicht an die Vereinbarung hält?" Konradin erklärt: „Für den Fall wird die lokale Gemeinschaft Sanktionen festlegen, beispielsweise wird sie der entsprechenden Familie nicht bei der Reparatur helfen, wenn ihr Schiff kaputt ist. An dem Fischereibeispiel kannst du gut die Rahmenbedingungen der Selbstverwaltung erkennen. Es müssen klare und lokal akzeptierte Grenzen des Fischfanggebiets existieren, sodass nicht Fischer von weiter weg ebenfalls an dem Küstenstreifen fischen, und die Gemeinschaft muss ihr Gebiet selbst überwachen und die Nutzungsregeln selbst treffen können."[124]

Eine sehr spannende Aufgabe für die Menschen lautet daher immer wieder, für den Einzelfall zu schauen, mit welcher Organisationsform die Bedürfnisse am besten befriedigt werden können.

Unter der übergeordneten Zielstellung, dass Kooperation die Menschen besserstellen soll, gilt es, zwischen unterschiedlichen Vorstellungen zu vermitteln, Gemeinwohl zu mehren, Frieden herzustellen und zu wahren.

Nach meinen Beobachtungen spielt dabei auch die Anzahl der Menschen in einer Gemeinschaft eine Rolle. In kleineren Einheiten funktioniert die Selbstorganisation besser, weil jeder jeden kennt und Akteure, die sich nicht an die gemeinsamen Spielregeln halten, von der übrigen Gemeinschaft zur Rechenschaft gezogen werden.

Der Mensch ist in der Nahbereichsfalle. Für ihn sind all die Sachen, die um ihn herum sind, am Wichtigsten. So wie für uns Raben. Gerade jetzt sind hier der Parkteich und das Gebiet, das wir täglich nach Nahrung abfliegen, am Wichtigsten. So ganz große und weit entfernte Gebiete interessieren uns nicht wirklich, bis wir einmal hinkommen. Das ist bei den Menschen auch so.

In großen, anonymen Gemeinschaften funktioniert diese Selbstkontrolle nicht mehr zuverlässig und einzelne Akteure könnten die Güter der Gemeinschaft zu ihrem einseitigen Vorteil ausnutzen, wenn Kontrollinstanzen fehlen." Jannis erinnert sich noch gut daran, dass ihm sein Vater am zweiten Tag für bestimmte Situationen die Notwendigkeit der Regelüberwachung erklärt hat.

Konradin fährt fort: „Aus diesem Grund ist bei den Menschen die Gewalt nicht nur auf der Ebene des Staates auf die verschiedenen Organe aufgeteilt. Auch in den Dörfern und Städten der Menschen gibt es für Verwaltung, Regelgebung und Überwachung der Regeln zuständige Institutionen. Diese sind den Organen auf Staatsebene untergeordnet und erlassen auf der Basis

der übergeordneten Regeln für die regionalen Bedürfnisse lokale Regeln. Und selbstverständlich überwachen
sie diese wie auch die übergeordneten vor Ort."
Jannis wird wieder versöhnlicher gegenüber seinem Vater: „Danke, jetzt verstehe ich, warum die Menschen darüber streiten, wie viel Einfluss der Staat haben soll. Sie
dabei zu beobachten, kann wirklich spannend werden!"

Konradin freut sich, dass er seinem Sohn die Komplexität
des menschlichen Zusammenlebens und der politischen
Entscheidungsfindung der Menschen vermitteln konnte:
„Ja, Jannis, in besonders gut funktionierenden Staaten
wenden die Menschen viel Zeit für eine wirkungsvolle
Gestaltung von Organisationsstrukturen auf und du findest hier häufig sowohl staatliche wie auch nichtstaatliche Institutionen. Das mag auf den ersten Blick aus Effizienzgründen kritisierbar sein; ein System mit Dopplungen ist jedoch ungleich robuster.[125] Und Wettbewerb
zwischen staatlichen und nichtstaatlichen Organisationen bewirkt auch hier eine stetige Weiterentwicklung
und Verbesserung."

„Warum hat sich die Demokratie noch nicht in allen Ländern durchgesetzt?", will Jannis wissen. „Weil es ein langer Prozess ist und die Ausgangssituationen sehr unterschiedlich sind", antwortet Konradin und fährt fort:
„Zunächst einmal sind die Menschen extrem leidensfä-
hig. Es braucht eine kritische Masse an Menschen, die
nichts mehr zu verlieren hat, weil ihre grundlegenden Bedürfnisse nicht befriedigt werden, und die eine reale
Chance sieht, aus ihrer leidvollen Situation ausbrechen

zu können. Nur so können die Menschen die enorme Energie für einen politischen Wandel aufbringen, häufig verbunden mit der persönlichen Gefahr, dabei das eigene Leben aufs Spiel zu setzen.

Dazu mögen manchmal noch weitere erschwerende Faktoren kommen, beispielsweise verschiedene Völker mit unterschiedlichen Kulturen innerhalb eines Staatsgebietes oder totalitäre kulturelle Inhalte."

Jannis will nachfragen, doch Konradin fährt in seinen Ausführungen fort: „Selbst wenn die Zeichen auf Umbruch gestellt sind und Despoten von der Bevölkerung gestürzt werden – die Menschen bezeichnen den Umbruch gerne auch als Revolution –, stellen sich die gewünschten Erfolge selten sofort ein. Eine funktionierende Demokratie zu etablieren, dauert seine Zeit. Freie Wahlen sind verhältnismäßig schnell organisiert, aber demokratische Institutionen zu etablieren, die Sicherheit und Güterversorgung gewährleisten, das braucht Zeit. Denn die Menschen bleiben ja die gleichen und die sind in den alten und gewohnten Strukturen aufgewachsen. Wandel ist mühsam. Stell dir vor, ich würde dir sagen, ab morgen fliegen wir nur noch rückwärts!

Häufig verlieren die Menschen einfach auch ihre Geduld, wenn sich die erhofften Erwartungen nach der Einführung einer Demokratie nicht schnell genug einstellen, oder sie werden enttäuscht, wenn es lediglich bei Versprechungen bleibt. Zudem fällt es Menschen, die aus autoritären Staaten kommen, schwer, Mehrheitsentscheidungen bis zur nächsten Wahl zu akzeptieren. Du siehst, es ist ein mühseliger gesellschaftlicher Lernprozess."

Konradin muss Luft holen und Jannis kann endlich seine Frage stellen: „Was sind totalitäre kulturelle Inhalte, Papa?" „Das sind Ansichten, die schwer mit anderen kulturellen Inhalten vereinbar sind, Jannis, beispielsweise die Auffassung, man sei das auserwählte Volk, das dazu bestimmt ist, über die anderen Völker zu herrschen."

Der kleine Rabe schluckt: „Ah, verstehe, da sind Konflikte zwischen den Völkern ja schon vorhersehbar. Wie kooperieren denn die Menschen überhaupt weltweit, wenn die Gesetze von Staaten gemacht werden, Papa?"
Konradin sprudelt los: „Das ist ein spannendes Thema. Auch zwischen Staaten gibt es, wie erwähnt, gewissermaßen Wettbewerb, mein Sohn. Die Staaten können beispielsweise bezüglich der Regeln, die für Unternehmen gelten miteinander konkurrieren, um weltweit tätige Unternehmen auf das eigene Staatsgebiet zu locken. Die Unternehmen schauen dann, wo sie die wenigsten Abgaben zahlen müssen, denn diese beeinflussen ihre Preise nicht unerheblich.
Und es ist ähnlich schwierig, Regelungen für Gemeingüter wie Wasser in den Seen und Flüssen zu finden, das von vielen Menschen konsumiert wird."

Jannis wiederholt seine Frage mit Nachdruck: „Und nun? Wer bestimmt die Regeln der Weltwirtschaft, Papa?"[126]
Konradin lässt die Frage auf sich wirken und überlegt, wie er sie seinem Sohn in einfachen Worten beantworten kann. Nach einem kurzen Moment hat er sich eine Erklärung zurechtgelegt: „Die Staaten können die Regeln nur für ihr Staatsgebiet festlegen. Da hast du recht, Jannis.

Nach meinen Beobachtungen gibt es auf der globalen Ebene viele Akteure.[127]

Einerseits haben die Staaten übergeordnete Organisationen wie die *Vereinten Nationen* gegründet, die sich um weltweite Regelungen kümmern und die dazu themenspezifische Unterinstitutionen für Finanzen, Handel, Umwelt und andere Bereiche eingerichtet haben. Andererseits spielen auch nichtstaatliche Organisationen, sogenannte *Nichtregierungsorganisationen* (NGOs), und globale Unternehmen eine wichtige Rolle, wenn es um die Gestaltung weltweiter Regeln geht. In den NGOs können sich Bürger auch grenzüberschreitend für Themen – beispielsweise Umweltschutz – engagieren."

Jannis schüttelt sein Gefieder: „Vereinte Nationen klingt interessant. Was ist damit gemeint, Papa?" Konradin erklärt: „Damit ist ein Zusammenschluss aller Staaten gemeint, der es sich zur Aufgabe gemacht hat, übergeordnete Regeln festzulegen, beispielsweise die bereits erwähnten Menschenrechte." Der kleine Rabe nickt anerkennend: „Das erscheint sinnvoll. Aber warum sind bei der Regelerstellung auch Unternehmen beteiligt? Sie haben doch Eigeninteressen und könnten die Regeln zu ihren Gunsten auslegen?"

„Nicht ganz", antwortet Konradin seinem Sohn. „Zum einen spüren die Menschen, die in den Unternehmen arbeiten, häufig selbst, dass ihr Wirtschaften auch schädliche Folgen für die Gesellschaft haben kann, und wollen diese Zwangslage mit sinnvollen Regeln lösen. Zum anderen sind die Unternehmen auf ihre internationalen Kunden angewiesen. Wenn die Kunden mitbekommen, dass ein

Unternehmen die Gesellschaft schädigt, kaufen sie eher bei Unternehmen, die dies nicht tun, sodass auch von der Abnehmerseite her ein Handlungsdruck entsteht, Regelungen zu finden.

Wie ich dir gestern erläutert habe, haben Unternehmen immer zwei Handlungsstrategien: zum einen die individuelle Selbstbindung. Das heißt, das einzelne Unternehmen hält sich einfach selbst an höhere Standards, sofern der Markt dies toleriert. Zum anderen haben sie die Möglichkeit der gemeinsamen Bindung an höhere Standards – zusammen mit anderen Unternehmen. Selbst wenn es ihnen mit der individuellen Selbstbindung nicht gelingt, moralisch gebotenes Handeln zu einem Wettbewerbsvorteil zu machen, können sie versuchen, andere Unternehmen oder den Staat zu überzeugen, übergeordnete Regeln zu etablieren."[128]
Jannis fragt ungläubig: „Und das funktioniert, Papa?"
„Bei sorgsamer Ausgestaltung der Rahmenbedingungen kann das funktionieren. Die Selbstbindung der Unternehmen hängt von der Anzahl der beteiligten Unternehmen, der Eindeutigkeit der Standards, der Transparenz und der Überwachung und den Sanktionsmechanismen ab.[129]

Und Konradin fährt fort: „Ich habe die Hoffnung, dass sich die einzelnen Staaten durch den weltweiten Handel und die globalen Kommunikationsmöglichkeiten weniger stark bekämpfen als in der Vergangenheit, weil sie sich zum Handeln und Kommunizieren auf gemeinsame

Regeln einigen müssen und dabei erkennen, dass sie erstens alle die gleichen Bedürfnisse haben. Und zweitens das gemeinsame Ziel verfolgen sollten, dass weltweit tätige Unternehmen mit ihren Produkten die Umwelt nicht schädigen, sondern zum Wohlergehen beitragen müssen."

„Wie war es denn früher, Papa?" Konradin sortiert für einen Moment seine Gedanken; dann beginnt er, zu antworten: „Ich habe dir ja von der Verteilung des Menschen über die Erde erzählt. Manche Sippen und Völker waren weniger weit voneinander entfernt und trafen schon früher aufeinander. In einigen Fällen ging das gut und man kam friedlich zur Übereinkunft, dass man gemeinsam für Nahrung, Sicherheit etc., also für die gemeinsame Bedürfnisbefriedigung, sorgen wollte. Häufig klappte das aber auch nicht und dann gab es Krieg zwischen den Sippen und Völkern und die Verlierer wurden getötet, verjagt oder mussten den Siegern dienen.
Die Kriegsmotive Furcht, Ehre und Nutzen haben sich bis heute nicht verändert.[130]
Durch zahlreiche Erfindungen, die den Menschen helfen, die räumlichen Distanzen zu überbrücken, ist die Welt näher aneinandergerückt. Die Anpassung der Institutionen an die *zusammengerückte* Welt dauert hingegen noch an.
Mit fortschreitender Entwicklung – beispielsweise der Gründung/Etablierung überstaatlicher Organisationen – besteht die zunehmende Hoffnung, auftretende Spannungen frühzeitig abbauen und zwischen den Völkern vermitteln zu können, auch wenn das nicht in allen Fällen gelingt."

Jannis, noch an die Kriegsmotive denkend, nickt zustimmend: „Ja, Papa, das ist erstaunlich, wo die Menschen doch daran interessiert sein sollten, friedlich zusammenzuleben."

Konradin seufzt: „Durch die Verteilung über die Erde und die Entwicklung unterschiedlicher Kulturen sind sich die Menschen meiner Meinung nach trotz der Kommunikationsmöglichkeiten und der Mobilität fremd geworden und beim Aufeinandertreffen haben sie leider zu oft das Trennende anstatt das Gemeinsame im Blick.

Ich habe dir ja vor zwei Tagen davon berichtet, dass die Menschen zum Gruppendenken neigen. Auf der Ebene von Kulturen oder Teilstaaten ist dieses Abgrenzungsverhalten ebenfalls zu beobachten. Aus der Abgrenzung gegenüber anderen ziehen Gruppen einen Teil ihrer Identität. Diese Neigung erschwert leider die Annäherung und die Suche nach dem Gemeinsamen.

Außerdem gestalten die Menschen die Regeln nicht immer zum Vorteil aller. Als Folge fühlen sich manche Staaten beziehungsweise Regionen als Verlierer, wodurch es dann ebenfalls zu Spannungen kommt."

Jannis ruft empört: „Das sind die Momente, in denen ich mir wünsche, dass die Menschen doch fliegen können, auch wenn es dadurch hier oben ziemlich voll werden würde. Denn dann könnten sie erkennen, dass auf der ganzen Welt alle gleich sind." Und eigennützig ergänzt Jannis: „Bei dieser Gelegenheit würden sie gleich mit erkennen, dass Glasscheiben beim Fliegen ganz schlecht zu sehen sind und würden sie zumindest färben."

Konradin hat sein Lachen wiedergefunden und krächzt: „Träum nur schön weiter! Die Menschen sollen lieber schauen, dass ihre Institutionen den gemeinsamen Zielen gerecht werden und diese dann kontinuierlich weiterentwickeln.

Du hast auf einer unserer Reisen die Frage gestellt, warum es in manchen Ländern Willkür gibt. Du hattest damals beobachtet, wie Polizisten grundlos Autos stoppten, die Insassen, Vater, Mutter und Kinder, herauszogen und brutal auf sie einschlugen, bis sie sich nicht mehr rührten. Ich habe dir heute von meinen Beobachtungen berichtet: Es sind die Regionen mit nicht existierenden oder nicht funktionierenden Institutionen, in denen es ungeeignete Regeln gibt oder in denen niemand für die Einhaltung prinzipiell sinnvoller Regeln sorgt.
Hier, wo wir leben, haben die Menschen eine relativ funktionierende Demokratie, einen funktionierenden Rechtssaat und vieles mehr etabliert. Wenn man sich nicht an die Gesetze hält, hat für die Menschen Konsequenzen. Das ist der Grund, warum hier in der Region Willkür relativ selten vorkommt. Laut unseren Vorfahren war das nicht immer so und musste mühsam entwickelt werden. Funktionierende Institutionen sind nicht von Dauer. Sie müssen mit der Zeit, aufgrund des gesellschaftlichen, ökologischen, technischen und wirtschaftlichen Wandels,[131] entsprechend weiterentwickelt und an sich ändernde Rahmenbedingungen angepasst werden.
Da aber Menschen relativ bequeme Lebewesen sind, verlieren sie schnell das Interesse an der Anpassung und

Optimierung ihrer Institutionen, sofern die Situation für sie halbwegs akzeptabel ist.

Oder sie bestehen darauf, ihre regionalen Regeln eins zu eins bei internationalen Kooperationen durchzusetzen. Dies führt nicht selten zu Konflikten, wenn die anderen Staaten andere Regeln vorteilhafter finden, weil die landesspezifische Situation anders ist oder kulturelle Unterschiede bestehen. Besser wäre es, gemeinsam zu schauen, welche Regeln sich in der konkreten Situation am besten für alle bewähren würden.[132]

In solchen Momenten benötigen die Menschen unbequeme Zeitgenossen, die ihren Mitmenschen die Augen öffnen und immer wieder Diskussionen anstoßen, an welchen Grundsätzen sich die Gemeinschaft ausrichten sollte."

Jannis gibt seinem Vater wieder das Signal, dass er für heute genug Neues über den Menschen gelernt hat und Konradin stellt die für heute abschließende Frage an Jannis:

„Was hast du heute, am vierten Abend, über den Menschen gelernt, Jannis?"

Aus Jannis sprudelt es nur so heraus: „Während die Menschen ihr persönliches Wohlbefinden und Unternehmen ihre Unternehmensinteressen im Blick haben, soll die Politik für Allgemeinwohl sorgen.

Die Politiker müssen dazu die Diskussion über die Inhalte führen und im Parlament die Spielregeln für ein gutes Zusammenleben in Form von Gesetzen schaffen."

Konradin ist von der prägnanten Beschreibung sichtlich begeistert: „Exakt, Jannis. Die Aufgabe der Politik liegt in der Erstellung und Fortschreibung der Rahmenbedingungen. Gewährleistung von Sicherheit hätte dabei die höchste Priorität.

Die Bereitstellung weiterer Güter – beziehungsweise die Organisation der Nutzung – kann sie im Einzelnen aus Effizienzgründen nichtstaatlichen Organisationen überlassen. Wichtig ist, festzuhalten, dass alle Menschen für das Gemeinwohl Verantwortung tragen. Weder dürfen sie davon ausgehen, diese Verantwortung vollständig an Politiker übertragen zu können, noch dürfen Politiker davon ausgehen, dass sie Politik ohne die Menschen machen dürfen. Wo immer möglich, ist die Selbstorganisation der Menschen zu fördern."

Jannis reißt das Wort wieder an sich; schließlich hat Konradin ihn gefragt: „Die Rahmenbedingungen machen in einer globalisierten Welt nicht an den Grenzen der Nationalstaaten halt. Es gibt zwar keine Weltregierung, aber zahlreiche übernationale Akteure, zu denen auch internationale Unternehmen, Nichtregierungsorganisationen und engagierte Bürger zählen.

Gestern hatte ich gelernt, dass die Beseitigung von Knappheit die vordergründige Aufgabe der Wirtschaft ist. Heute habe ich erfahren, dass es die wesentliche Aufgabe der Politik ist, Mehrheiten zu verhandeln, um bindende Entscheidungen herzustellen.[133]

Und wie du meiner Zusammenfassung bereits vorgegriffen hast, zeichnen einen *guten* Staat Bürger aus, die nicht

nur die Rechte der Demokratie für sich beanspruchen, sondern auch ihren Pflichten nachkommen.
Ebenso gehören zu einem solchen Staat funktionierende Koordinationsinstrumente, die von der Bevölkerung geschätzt und akzeptiert werden. Diese haben einen großen Anteil an den sozialen Rahmenbedingungen für individuelles Glück, eine erfolgreiche Wirtschaft und die Nutzung der Gemeingüter, wie du mir am ersten Abend ja schon anhand des Kräftevierecks gezeigt hast.
Aufgrund der Vielzahl der persönlichen Interessen und der sich aus ihnen ergebenden Kompromisse können es nur Rahmenbedingungen sein, die auch individuellen Handlungsspielraum lassen."

Konradin schnalzt zufrieden mit der Zunge. „Exzellent, mein Musterschüler. Dann schlaf mal gut!"

Jannis fliegt noch schnell zum nahe gelegenen Tümpel, um etwas Wasser zu trinken. Die vielen Fragen haben seine Kehle ganz trocken werden lassen. Dann schmiegt er sich an seine Eltern und schläft erschöpft und glücklich ein.

Kapitel 5

Was macht Menschen glücklich?

Konradin und Jannis balancieren in der Abenddämmerung auf der Straßenbahnoberleitung und warten auf die nächste Straßenbahn, um von ihr auf der Oberleitung geschaukelt zu werden.

Nach einer Weile wird Jannis wieder ungeduldig: „Papa, ich habe die vergangenen Abende viel über die Menschen gelernt – was sie für Bedürfnisse haben, wie sie sich voneinander unterscheiden, wie ihr Zusammenleben geregelt ist und wie diese Regeln zustande kommen. Heute möchte ich von dir wissen, warum manche Menschen öfter glücklich wirken als andere?"

Konradin lächelt, bevor er Jannis antwortet: „Nachdem du selbst schon so viel über den Menschen gelernt hast, möchte ich die Frage zunächst an dich zurückgeben. Was vermutest du denn?"
Der kleine Rabe überlegt: „Also, allein an den Rahmenbedingungen kann es nicht liegen. Natürlich ist es für Menschen in Rechtssystemen mit sinnvollen Regeln, in denen Verstöße Konsequenzen haben, sehr viel sicherer. Das habe ich verstanden. Die Menschen sollten daher in Regionen mit funktionierendem Rechtsstaat sehr viel weniger Angst vor ihren Mitmenschen haben. Dennoch wirken überraschend viele Menschen selbst dort nicht wirklich zufrieden. Ähnlich verhält es sich mit Reichtum.

Unterschiedliche Ausgangslage

Die Menschen, die viele Gegenstände besitzen, scheinen nicht automatisch die glücklichsten zu sein."

Konradin ist begeistert: „Sehr gut beobachtet, Jannis. Funktionierende Institutionen sind – neben der Befriedigung der existenziellen Grundbedürfnisse – eine wichtige Voraussetzung für individuelle Zufriedenheit, wie ich dir an den vergangenen Abenden erläutert habe; beides reicht aber nicht aus. Und materieller Reichtum mag die Menschen beruhigen, aber er macht sie nicht unbedingt glücklich. Wenn man den Zusammenhang zwischen Zufriedenheit und Besitz aufmalt, sieht das so ähnlich aus wie eine Glocke.[134] Glocken kennst du ja; das sind die großen, frei schwingenden Gegenstände in den hohen Türmen, die zu bestimmten Uhrzeiten immer läuten. Die Menschen sprechen in diesem Kontext daher auch von *Glockenkurve*. Sehr arme oder sehr reiche Menschen zählen demnach zu den eher unglücklichen Menschen.

Und du darfst die Wirkung des Klimas nicht vergessen. Die Menschen mögen sonniges Wetter. Das Licht der Sonne wirkt auf viele Menschen wie ein Stimmungsaufheller. Folglich sind die Menschen an sonnigen Tagen meist etwas glücklicher."[135] Und Konradin fügt schmunzelnd hinzu: „Wir Raben haben es da ungleich einfacher und können an trüben Tagen einfach mal eben kurz über die Wolken fliegen und uns am Sonnenschein erfreuen. Woran könnte es den sonst noch liegen, Jannis?"

Jannis grübelt eine Weile; dann krächzt er aufgeregt: „An dem, was man bisher erlebt hat? Ich könnte mir vorstellen, dass Menschen, die beispielsweise einen engen Angehörigen verloren haben oder die sich sehr schwer verletzt haben und nicht mehr ganz gesund werden, besonders traurig sind."

Papa Rabe nickt zustimmend: „Recht hast du. Das ist wie bei uns Raben, Jannis. Die Menschen trauern um Freunde und Angehörige und eine schwere Verletzung oder Krankheit kann ebenfalls negative Auswirkungen auf ihre geistige, die Menschen sagen psychische, Verfassung haben.

Ich habe dir ja bereits am ersten Abend erläutert, wie stark Erfahrungen die Menschen beeinflussen können. Ähnliches gilt daher für Menschen, die schlechte Erfahrungen mit ihren Mitmenschen gemacht haben, beispielsweise weil sie über einen langen Zeitraum von einer Gruppe ausgegrenzt wurden. Selbst wenn es ihnen nicht mehr bewusst ist, hat ihr Unterbewusstsein diese negativen Erfahrungen emotional gespeichert.[136] Sie fühlen sich dadurch in zwischenmenschlichen Situationen schneller unwohl als Menschen, die über sehr viele positive zwischenmenschliche Erfahrungen verfügen.

Ein anderes Beispiel wäre, wenn eine unbeschwerte Kindheit urplötzlich endet, weil die Eltern des Kindes sich trennen oder ein Elternteil seine Arbeitsstelle verliert und darüber sehr traurig wird. Solche Situationen führen dazu, dass Kindern weniger Aufmerksamkeit entgegengebracht wird. Diese machen dann die leidvolle – und das Unterbewusstsein prägende – Erfahrung, dass sie weniger geliebt zu werden scheinen. Ich habe jedoch in meinen Studien über den Menschen beobachten können, dass es ihm durchaus gelingen kann, mit solchen Situati-

onen – die Menschen nennen sie Schicksalsschläge – um-
zugehen. Auch Menschen, die schlimme Schicksalsschläge erlitten haben, können nach einer gewissen Zeit
wieder glücklich werden, natürlich mit gewissen spezifischen Unterschieden von Mensch zu Mensch. Genauso
konnte ich beobachten, dass es Menschen durch die be-
wusste Auseinandersetzung mit der jeweiligen Situation
gelingen kann, ihre Angstgefühle zu meistern."

„Liegt es dann an deren Charakter?", fragt Jannis. Erneut
lächelt Konradin zustimmend: „Ich denke, auch Charaktereigenschaften spielen dabei eine Rolle; nur über das
Ausmaß des Einflusses bin ich mir nicht ganz sicher. Charaktereigenschaften sind – wie ich dir erläutert habe – relativ konstant, das heißt schwer veränderlich. Meine Beobachtungen lassen vermuten, dass in vergleichbaren Situationen manche Menschen weniger ängstlich oder be-
drückt sind als andere."

Der kleine Rabe krächzt: „O.K., Papa. Ich fasse einmal zusammen: Veranlagung und Umfeld scheinen eine Rolle
zu spielen, nur über den Umfang bist du dir nicht ganz sicher. Inwieweit können die Menschen denn ihr Glück
durch ihre Fähigkeiten und Charakterstärken beeinflussen?"

Was zeichnet
glückliche Men-
schen aus?

Konradin runzelt konzentriert die Stirn: „Das ist die spannende Frage, Jannis, die ich mir auch schon oft gestellt
habe. Ich möchte dir dazu von meinem bisherigen Stand
der Forschung berichten. Zunächst aber eine Frage an
dich: Woran merkst du, dass Menschen glücklich sind?"

Aus Jannis sprudelt es nur so heraus: „An ihrem Lachen. Am Leuchten in glücklichen Augen, in den Momenten in denen sie ihre Lieblingsmusik hören und anfangen, mitzusingen. An der Freude, wenn sie mit ihren Liebsten zusammen sind. An der Freude, wenn sie tun, was ihnen Spaß macht. An ihrer Aufmerksamkeit, die sie ihrem Umfeld schenken und die es ihnen ermöglicht, sich auch über die kleinen Dinge im Leben zu freuen, ...“

„Danke", ruft Konradin. „Ich wollte nur sichergehen, dass wir von derselben Vorstellung von Glück ausgehen. Unserer gemeinsamen Auffassung nach ist Glück der Zustand, der sich bei den Menschen einstellt, wenn sie mit der jeweiligen Situation zufrieden sind. In der Regel ist das der Fall, wenn sie dabei sind, eines oder mehrere ihrer Bedürfnisse zu befriedigen und dabei ihre Erwartungen erfüllt werden. Das Gefühl von Glück, wenn sie ihre Freude bewusst wahrnehmen, gibt sozusagen Auskunft darüber, inwieweit das Bedürfnis erfolgreich befriedigt werden konnte.[137] Es stellt sich meist bereits auf dem Weg dahin ein, ein persönliches Ziel zu erreichen. Die Menschen nennen diesen Zustand Vorfreude."
Jannis krächzt erstaunt: „Aber dann kann man ja immer nur für einen kurzen Moment glücklich sein?" Professorale Zustimmung seitens Konradin: „Das ist korrekt. Einen längeren Lebensabschnitt mit zahlreichen glücklichen Momenten bezeichnen die Menschen als anhaltende Phase persönlichen Wohlbefindens.

Kommen wir nun zu meinen Beobachtungen und Folgerungen: Meiner Auffassung nach verfügen Menschen mit besonders vielen glücklichen Momenten über konkrete Vorstellungen vom *guten* Leben. Sie haben, ob bewusst oder unbewusst, genaue Vorstellungen davon, wie sie ihre Bedürfnisse nachhaltig, also langfristig, befriedigen können.“

„Und die wären, Papa?“ Der Wissenschaftler in Konradin beginnt zu dozieren: „Wie schon bei den Wertvorstellungen gilt auch bei der Fragestellung nach dem guten Leben, dass diese zunächst einmal individuell beantwortet werden kann.

Jeder einzelne Mensch muss für sich bestimmen, was gutes Leben – im Kontext seiner Rahmenbedingungen von Anlage und Umfeld – bedeutet. Da die Rahmenbedingungen darüber hinaus nicht dauerhaft sind, sondern Veränderungen unterliegen, ist individuelles Glück selbst für eine einzige Person sehr vielfältig.

Persönliches Wohlbefinden ist ein Konstrukt wie Wetter[138]. Der eine mag es am liebsten konstant warm und trocken; ein anderer liebt auch kühlere Tage und empfindet selbst Regen als Bereicherung.“ Jannis ist mit der Antwort nicht zufrieden: „Geht es wenigstens etwas konkreter, Papa?“

Konradin bemüht sich um eine verständliche Erklärung: „Die Menschen orientieren sich – wie bei so vielem – auch in dieser Frage gerne an ihren Mitmenschen. So kommt es, dass sie von der Religionszugehörigkeit und den philosophischen Vorstellungen ihrer Mitmenschen hinsichtlich der eigenen Ansicht von *gutem* Leben mitgeprägt werden.“

Der kleine Rabe unterbricht seinen Vater: „Was verstehen die Menschen unter Religionen und philosophischen Vorstellungen?" Konradin erklärt: „Religionen sind gemeinsame Grundannahmen und Überzeugungen einer Gruppe von Menschen, die sie als ihren *Glauben* bezeichnen." Jannis muss seinen Vater erneut unterbrechen: „Kommt die Bezeichnung *Glauben* daher, dass sie die Annahmen für wahr halten, Papa?" „Korrekt, Jannis." Und Konradin fährt fort: „Und unter Philosophie verstehen die Menschen die Tätigkeit reflektierenden Denkens,[139] also des Nachdenkens. Während die Religionen meist bestimmte Annahmen, auf denen sie aufbauen, als gegeben voraussetzen, setzt sich die Philosophie auch mit ihren eigenen Annahmen kritisch auseinander." Angesicht von so viel Theorie schüttelt der junge Rabe seinen Kopf. „Kannst du mir ein Beispiel geben?", bittet er seinen Vater. Das kann Konradin: „Viele Religionen setzen beispielsweise die Existenz eines Gottes oder von mehreren Göttern voraus. Konzentrieren wir uns auf die Religionen mit nur einem Gott; die Menschen nennen sie monotheistische Religionen. Ihrer Überzeugung nach ist Gott ein den Menschen überlegenes Wesen. Er wird zudem meist als unsterblich betrachtet. Jede Religion beziehungsweise jeder an Gott gläubige Mensch stellt ihn sich ein wenig anders vor. Für manche ist Gott das Glücksgefühl, das sich einstellt, wenn man seinen Überzeugungen entsprechend lebt; andere stellen ihn sich als perfekten Menschen vor. Für manche ist Gott ein Wächter, ein Richter oder ein Liebender.

Aber auch die Philosophie ist nicht frei von Grundannahmen und Vorstellungen. Die Menschen würden sagen, sie ist nicht immer weltanschauungsneutral. So haben sich zahlreiche philosophische Richtungen entwickelt, die beispielsweise bestimmte Werte unterschiedlich gewichten, nur, dass sie dafür, im Unterschied zu den Religionen, rationale Gründe anführen. Die gestern genannten politischen Strömungen *Liberalismus*, *Konservatismus* und *Sozialismus* sind letzten Endes auch nichts anderes als politische Philosophien."

Jannis strahlt, begeistert von dem zuvor Gehörten: „Unsterbliche Lebewesen! Ich will auch ein Gott sein, Papa."

Konradin kann sich sein Lachen nicht verkneifen: „Du bist ein Rabe und das ist gut so. Sonst schenken uns die Menschen zu viel Aufmerksamkeit und du hast keine Ruhe mehr."

Das sieht Jannis ein und so fragt er weiter: „Und diese Religionen und Philosophien bieten den Menschen Orientierung für *gutes* Leben?" Konradin nickt: „So sehe ich das. Religionen und Philosophien helfen dem einzelnen Menschen bei der Suche nach dem Sinn seines Lebens, nach dem Kern seiner Existenz. Sie bieten dem Suchenden Vorstellungen und Zielbilder – die Menschen nennen Letztere *Visionen* – zur Übernahme an."

Jannis setzt sich ganz aufrecht hin: „Das klingt spannend. Erzähle mir etwas mehr über die Religionen und Philosophien."

Konradin holt tief Luft, bevor er Jannis zu erklären beginnt: „Es gibt sehr viele Religionen; ich vermag gar nicht zu sagen, wie viele. Die Religion mit den meisten Anhängern ist meiner Einschätzung nach das Christentum. Christen glauben an einen liebenden Gott als Vater, Sohn und heiligen Geist. Sie glauben an Jesus, seinen Sohn, an die Vergebung der Sünden und das ewige Leben. Ihr übergeordnetes Ziel beziehungsweise ihre Aufgabe ist die Liebe gegenüber Gott, den Menschen und sich selbst. Aufgrund ihrer Glaubensvorstellung, dass das Reich Gottes kommt, blicken sie zuversichtlich in die Zukunft."

Jannis staunt über das Gesagte, lässt Konradin aber weiterreden: „Die zweitgrößte Religionsgruppe ist die der Muslime. Muslime glauben an den Gott Allah und den Propheten Mohamed. Sie glauben aber auch an die anderen Propheten, die vor ihm gelebt haben, so auch an Jesus. Ihr übergeordnetes Ziel ist, ein Leben zu führen, so wie Gott es will und Ehrfurcht vor Gott zu haben. Dazu beten sie täglich fünf Mal, essen einmal im Jahr einen Monat lang nur nachts, unterstützen Bedürftige und sollen einmal im Leben an einen bestimmten Ort reisen."[140]

Bei dem Gedanken, eine Zeit lang nur nachts etwas zu essen, schluckt der kleine Rabe für einen Moment, aber Konradin fährt bereits fort: „Die drittgrößte Religionsgemeinschaft sind aktuell die Hindus. Hindus glauben an die ewige Seele, die nach dem Tod in einem anderen Lebewesen wiedergeboren wird, und an ein göttliches Prinzip.[141] Deswegen haben wir von den Hindus am wenigsten zu befürchten, da Hindus nicht ausschließen können, in einem Raben wiedergeboren zu werden. Sie haben vier Lebensziele: Hindus streben nach Angenehmem und Sinnengenuss (kama), nach Nützlichem und Wohlstand (artha), bemühen sich um Rechtschaffenheit und Tugend (dharma) und streben nach Befreiung und Erlösung (moksha) aus dem Geburtenkreislauf."[142]

Jannis atmet tief durch und lässt das Gesagte für einen Moment auf sich wirken. Von den Religionen der Menschen ist er begeistert. Dann fragt er neugierig weiter: „Und was steht dann im Mittelpunkt der Philosophie, Papa?"

Konradin doziert: „Bei der Philosophie ist die Methode, nicht der Gegenstand, das Entscheidende, denn ihr Betrachtungsgegenstand sind die anderen Wissenschaften. Mit ihnen setzt sich die Philosophie auseinander. Philosophen haben daher wenig gemeinsam, außer, dass sie über die Welt nachdenken.[143] Nicht wenige von ihnen denken dabei natürlich über das *gute*, das *richtige* Leben nach, so auch einer der bekanntesten unter ihnen, der bereits vor vielen Hundert Jahren verstorbene griechische Philosoph Aristoteles, für den Glück im guten Leben bestand."

„Das habe ich jetzt nicht alles verstanden, Papa. Nur, dass die Anhänger der Religionen an etwas glauben. Sind eigentlich viele Menschen religiös, Papa?" Konradin nickt heftig: „Sehr viele, Jannis, meines Wissens die Mehrheit der Menschen. Menschen als soziale Lebewesen sind auch bei der Suche nach den Zielvorstellungen eines sinnerfüllten Lebens ungern allein. Daher teilen sie gerne die Glaubenserlebnisse und Weltanschauungen mit anderen Anhängern einer bestimmten Religion oder philosophischen Weltanschauung.

Bei der Wahl ihrer Religion oder philosophischen Weltanschauung ist wieder die Ausgangslage nicht zu unterschätzen, beispielsweise, ob ein Kind in Europa oder Asien geboren wird. Genauso relevant ist der Einfluss der

Familie oder des Bekannten- und Freundeskreises. Durch diese Gruppen kann ein erheblicher sozialer Druck ausgeübt werden, sodass Weltanschauungen unter Umständen auch unfreiwillig übernommen werden.
Manche Menschen übernehmen die kulturellen Vorstellungen vorhandener Religionen und philosophischer Weltanschauungen eins zu eins ohne eigenes Zutun. Andere Menschen setzen sich kritisch mit ihnen auseinander, übernehmen nur gewisse Teile und entwickeln für sich eine individuelle Vorstellung von gutem Leben. Sinnstiftende Institutionen können neben Religionen und philosophischen Weltanschauungen auch politische Parteien, Nichtregierungsorganisationen wie beispielsweise Umweltbewegungen, Vereine wie die Pfadfinder oder die Familie sein.[144]

Was ich sagen will, ist, dass Menschen mit konkreten Zielvorstellungen vom *guten* Leben – ganz gleich, ob selbst entwickelt, übernommen oder angepasst – häufig glücklicher wirken als ihre Mitmenschen ohne diese konkreten Zielvorstellungen."

Jannis schaut ungläubig, weil ihm die Sache zu einfach erscheint: „Hast du dafür eine Erklärung, Papa?" Die hat Konradin: „Das Streben nach diesen Zielvorstellungen gibt den Menschen eine herausfordernde Aufgabe und verleiht ihrem Leben dadurch einen Sinn. Das menschliche Gehirn ist ähnlich wie das unsere in der Lage, die Frage nach dem *Warum* zu stellen, und verlangt nach plausiblen Antworten." „So einfach ist das?", krächzt

Jannis. „Einfach, aber nicht selbstverständlich", erwidert Konradin und doziert:

„In der komplexen Welt, die sich die Menschen durch ihre Fähigkeiten und Wünsche geschaffen haben, lassen sie sich bei dieser Suche nach den Zielvorstellungen und ihrer Verfolgung sehr schnell manipulieren. Gewalt, Konsum und vieles mehr bieten zahlreiche Ablenkungsmöglichkeiten, sodass man sich nicht zwangsläufig Gedanken um das große Ganze machen muss. Oder schlimmer: Zum Teil halten die Menschen – bestärkt von Fanatikern und Werbung – Gewalt oder Konsum für das große Ganze, da beides kurzfristig positive Gefühle erzeugen kann.

Zudem wirken viele Menschen aufgrund der teilweise gegensätzlichen Ziele bestehender Weltanschauungen und der Vielzahl an Auswahlmöglichkeiten überfordert. So verlieren die Menschen sehr leicht ihren eigenen Zielkompass aus den Augen oder suchen nicht mit der nötigen Ernsthaftigkeit weiter. Entsprechend wirken ihre Handlungen ziellos, weil ihnen die Verknüpfung zwischen ihren Überzeugungen und den verfolgten Zielen nicht mehr ersichtlich ist.

Menschen, die ihre Vision vom *guten* Leben gefunden haben – sei es im Angebot der bestehenden Religionen und philosophischen Weltanschauungen oder aufgrund einer individuellen Entwicklung – haben oftmals das sie bestärkende Gefühl, die Überzeugung, am *Großen und Ganzen* mitzubauen.

Für Menschen bestimmter Religionszugehörigkeit mag dies das Paradies auf Erden sein, für andere eine Welt in

Harmonie und Balance – auf jeden Fall etwas, das größer
ist als sie selbst und bei dem sie Erfüllung darin empfinden, daran mitzuarbeiten."

„Ist damit das Bedürfnis nach Selbstverwirklichung befriedigt?", holt Jannis gedanklich das Erlernte vom ersten
Abend hervor. „Gut kombiniert! Ich würde hier sogar
noch einen Schritt weiter gehen und die Maslow'sche Bedürfnispyramide an ihrer Spitze durch Sinn ergänzen."[145]

Und Konradin ergänzt: „Ich habe auch den Eindruck, dass
die Menschen besonders glücklich wirken, wenn sie sich
dessen bewusst sind, dass ihre Vorstellungen verallge-
meinerbar sind, das heißt, ihre Mitmenschen diesen aufgrund ihrer Wirkung auf das Gemeinwohl zustimmen
können.

Diese Beobachtung stimmt mich für die Menschen zumindest etwas zuversichtlich, bei den zahlreichen Konflikten, die totalitäre Glaubensvorstellungen verursachen. Allerdings sehnen sich insbesondere überforderte
Menschen nach Einfachheit und finden totalitäre Ansichten attraktiv."

„Was sind totalitäre Vorstellungen, Papa?", unterbricht
Jannis den zur Höchstform auflaufenden Vater. Konradin
hält nur einen kurzen Moment inne und erklärt umgehend: „Totalitäre Vorstellungen sind einseitige Ansichten. Bei diesen gibt es nur *richtig* oder *falsch*, *schwarz*
oder *weiß*. Das mag bei persönlicher Überforderung mit
der Welt beruhigen; ein Denken in *Entweder-oder-Kate-
gorien* wird der Vielschichtigkeit der Welt aber nicht gerecht. Was in der einen Situation richtig sein kann, kann

in der anderen Situation falsch sein. Was in der Wahrnehmung für den einen schwarz erscheint, ist für den anderen weiß. Alle besonnenen Menschen, die ich beobachten konnte, denken deshalb in *Sowohl-als-auch-Kategorien*.[146] War das für dich verständlich?"

Der kleine Rabe nickt und löchert seinen Vater weiter: „Und an den Zielvorstellungen eines guten Lebens richten die glücklichen Menschen ihr Leben aus?"
„Ganz genau, Jannis. Glückliche Menschen haben meinen Beobachtungen nach meist nicht nur konkrete Zielvorstellungen, sondern auch den passenden Umsetzungsplan zur Zielerreichung. Die Menschen sagen dazu auch die passende Strategie. Ich meine hier vor allem die langfristigen Pläne. Kurzfristige Pläne betrachten dabei den Moment, langfristige das Leben als Ganzes."
Jannis runzelt die Stirn: „Hilf mir wieder mit einem Beispiel, Papa!" „Aber klar! Es gibt sehr anschauliche, die du auch schon beobachten konntest. Um ohne große Anstrengung ein positives Gefühl wie Stärke oder Freude zu spüren, trinken manche Menschen vergorenen Saft, den sie Alkohol nennen. Andere kaufen sich ständig neue Sachen."
„Warum sind dies kurzfristige Strategien?", fragt Jannis dazwischen, präzise die Bezeichnung der Menschen anwendend. „Ganz einfach", erwidert Konradin, „weil immer mehr Alkohol- oder Sachkonsum nicht zu langfristiger Zufriedenheit führt. Sondern er bewirkt genau das Gegenteil: Alkohol macht abhängig und auf lange Sicht krank. Der Erwerb von immer mehr Gegenständen bringt

Glückliche
Menschen
haben häufig
bestimmte
Strategien

eine immer geringere emotionale Befriedigung und schadet der Umwelt.

Eine langfristige Strategie ist, das Leben so zu gestalten, dass die Bedürfnisse möglichst umfassend und dauerhaft befriedigt werden. Die große Herausforderung besteht darin, dies so hinzubekommen, dass dabei die Bedürfnisse der Mitlebewesen nicht eingeschränkt werden. Und wie du erahnen kannst, setzt dies ein Gespür dafür voraus, zu erkennen, was einem im Leben wichtig ist; daher die hohe Bedeutung der Zielvorstellungen.

Vollständigkeitshalber muss ich erwähnen, dass es selbstverständlich auch positive Beispiele für kurzfristige Strategien gibt, wie Unternehmungen mit Freunden oder einen Ausflug in die Natur." „Gehört singen auch dazu?", krächzt Jannis. „Na klar! Gute Ergänzung!", antwortet Konradin und fährt fort:

„Wie bei den Zielvorstellungen müssen die Menschen auch auf dem Weg zu deren Umsetzung nicht alles neu erfinden. Sie können sich hier ebenfalls an bestehenden Strategien der Religionen und philosophischen Weltanschauungen orientieren, oder an anderen Erkenntnissen. Die Menschen nennen diese Strategien im wissenschaftlichen Sprachgebrauch *Ethiken*." Jannis stöhnt auf: „Pläne, Strategien, Ethiken – warum benötigen die Menschen für alle Begriffe drei Bezeichnungen?". Und Konradin fügt beschwichtigend hinzu: „Inhaltlich geht es bei Ethiken um die Frage nach einem glücklichen, gelungenen (Zusammen-)Leben und damit um die Überführung der Werte und Normen in konkrete Handlungsempfehlungen."[147]

Jannis unterbricht erneut: „Papa, habe ich dich richtig verstanden – es gibt nicht eine Strategie, sondern mehrere?" „Das ist richtig, mein Sohn." „Das klingt spannend! Bitte erzähle mir mehr davon!" Und Jannis schaut seinen Vater erwartungsvoll an.

(1) Religiöse Ethiken

Konradin beginnt, zu erklären: „Vereinfacht lassen sich Ethiken hinsichtlich ihrer philosophischen und religiösen Orientierung unterscheiden. Beginnen wir mit den religiösen Ethiken: Bei den Christen spielen der Grundsatz der Nächstenliebe und die zehn Gebote eine wichtige Rolle. Letztere reichen von dem Gebot, nicht zu töten, bis zu dem Gebot, einen Tag in der Woche zu ruhen. Auch der Islam kennt Pflichten, beispielsweise das Gebot, Bedürftige zu unterstützen. Im Hinduismus sind es die fünf Tugenden des Yoga: Gewaltlosigkeit, Wahrhaftigkeit, Nicht-Stehlen, Keuschheit und Begierdelosigkeit.[148]

(2) Philosophische Ethiken:

Kommen wir als Nächstes zu den philosophischen Ethiken. Wundere dich jetzt nicht über deren Begriffe. Bekannte philosophische Ethiken sind: Tugendethik, Naturrechtsethik, Utilitarismus, deontologische Ethik, ethischer Nihilismus, Werteethik und Metaethik.[149] Mir bleibt anzumerken, dass auch viele Religionen auf einzelne Inhalte dieser Ethiken Bezug nehmen."

Jannis schluckt angesichts der vielen Begriffe: „Kannst du mir diese Ethiken bitte noch etwas erläutern?"

Tugendethik

Der große Rabe atmet tief durch, bevor er weiter doziert: „Die Tugendethik zielt – wie du erahnen kannst – darauf ab, sich auf seine Stärken zu konzentrieren. Das ist kein neuer Ansatz. Die Menschen führen die Tugendethik auf einen Griechen namens Aristoteles zurück, der wie erwähnt vor fast 2500 Jahren gelebt hat, wenn ich mich nicht verrechnet habe. Sie erfordert, sich dieser Stärken bewusst zu werden, und hat den Charme, dass tugendhaftes, sprich: stärkenorientiertes Leben das Selbstwertgefühl steigert und für das Individuum und die Gesellschaft wertvoll ist. So empfahl Aristoteles den Menschen, je nach Stärken ein politisch oder wissenschaftlich engagiertes Leben zu führen, und riet ihnen von einem rein lustbestimmten Leben ab.

Tugendhaft ist unser Rabenleben dann, wenn wir unseren Verstand und unser fliegerisches Können nutzen."

Das klingt für Jannis plausibel und Konradin fährt deshalb fort: „Die Naturrechtsethik besagt, dass jeder Mensch von Natur aus die gleichen Grundrechte besitzt.[150] Mit *von Natur aus* meinen die Menschen *von Geburt an*. Die Naturrechtsethik hat den Vorteil, dass diesem Grundsatz alle unterdrückten Menschen zustimmen würden und dass sich alle Menschen als gleich wertvoll betrachten dürfen. Mit ihr lassen sich viele der menschlichen Wertvorstellungen begründen. Denke beispielsweise nur an Freiheit und Gleichheit! Die Naturrechtsethik stellt den einzelnen Menschen in den Blickpunkt und sensibilisiert für den Schutz des Individuums vor Mehrheitsentscheidungen.

Auf uns Raben übertragen bedeutet dies, dass alle Raben gleichberechtigt sind und somit jeder beim Fliegen aufpassen muss, nicht mit anderen zusammenzustoßen."

Die Gedanken der Naturrechtsethik erscheinen Jannis ebenfalls sinnvoll und er lässt seinen Vater weitererzählen: „Der Utilitarismus wägt Entscheidungen nach Vor- und Nachteilen ab. Bei zwei Alternativen ist die Alternative mit dem größeren Gesamtnutzen für die Gesellschaft vorzuziehen. Dies hat den Charme, dass sich Entscheidungen nachvollziehen lassen. Der Utilitarismus hat die Gesellschaft als Ganzes im Blick. Aufgrund der Nutzenabwägung wird er häufig als ethische Grundlage des Wirtschaftens bezeichnet.

Wenn wir aus Rabenperspektive utilitaristisch handeln würden, müssten wir den Hunden gezielt ihr Fressen wegnehmen, damit diese die Katzen fressen und wir nicht Gefahr laufen, von den Katzen gefressen zu werden.“

Jannis lacht über die neue Sichtweise. Als er sich wieder beruhigt hat, fährt Konradin mit der Aufzählung fort: „Die deontologische Ethik betrachtet im Gegensatz zum Utilitarismus die einzelne Handlung – nicht die Folge. Dieser Ethik zufolge hat der Mensch nicht nur Rechte, sondern auch Pflichten, wenn er friedvoll mit anderen zusammenleben möchte. Der einzelne Mensch soll entsprechend seiner Vernunft handeln, sich also nicht blindlings von Lustgefühlen leiten lassen, wie es schon Aristoteles in der Tugendethik empfahl, sondern an Regeln und Handlungsstrukturen, sogenannten Maximen, orientieren. Eine bekannte Handlungsmaxime ist der *kategorische Imperativ* des Philosophen Immanuel Kant: ‚handle nur nach derjenigen Maxime, durch die du zugleich wollen kannst, dass sie ein allgemeines Gesetz werde'[151]. Kategorisch bedeutet, dass die Handlungsregel immer, also ohne Einschränkung, gilt. Diese Vernunftorientierung hat den Vorteil, dass jedes Individuum sein Handeln begründen sollte. Die deontologische Ethik hat das Individuum also stärker im Blick.

Wenn du die deontologische Ethik zugrunde legst, dürftest du Tante Herta nicht anlügen, dass dich ihr Besuch freut, sondern du müsstest ihr aufrichtig sagen, dass dich ihre Umarmungen stören. Lügen wäre nämlich keine verallgemeinerbare Handlungsmaxime. An dem Beispiel siehst du auch gleich die Grenzen der deontologischen Ethik, da es natürlich Fälle gibt, in denen Lügen Leben rettet. Du magst das Eichhörnchen aus dem Nachbarbaum und wenn dich der hungrige Fuchs fragen würde, wo er es findet, würdest du ihm ja nicht die Wahrheit sagen."

Jannis verzieht die Miene und Konradin doziert ohne Punkt und Komma weiter: „Der ethische Nihilismus ist ein interessanter Gegenentwurf, denn er leugnet jegliche Ethik[152] und empfiehlt überhaupt keine Regelungen. Er hat den Charme, dass er dazu anhält, Regelungen kritisch zu hinterfragen. Das ist ein interessanter Ansatz, da die Menschen durch das Erlassen formeller Regeln schon viele schreckliche Dinge getan haben. Beispielsweise wurde durch das Verbot von Hilfe gegenüber anderen Völkern der Tod zahlreicher Menschen verursacht.
Als Anhänger des ethischen Nihilismus dürftest du tun und lassen, was du willst. Du kannst dir aber sicher sein,

dass das weder ich als dein Vater noch die anderen Raben bei uns toll fänden."

Das leuchtet Jannis ein und er bittet seinen Vater, weiterzuerzählen: „Die Werteethik bildet die Brücke zu den Gefühlen. Sie hat für mich den Reiz, dass sie dazu anhält, auf sein Unterbewusstsein zu hören, das die Erfahrungen und die mit ihnen verbundenen Wertvorstellungen speichert und uns daher intuitiv und schnell Entscheidungen treffen lässt. Nichtsdestotrotz ist es ratsam, bedeutsame Entscheidungen bewusst zu treffen, also nochmals die Gründe abzuwägen, die es für oder gegen die eine oder andere Möglichkeit gibt. Auch die Werteethik hat das Individuum stärker im Blick.

Wenn du beim Flug über den Acker zwei Käfer entdeckst, entscheidet dein Gehirn intuitiv, auf welchen du dich konzentrieren musst, damit du ihn erfolgreich fangen und dann verspeisen kannst. Es hat im Hintergrund deine Vorlieben, die Informationen über die Witterungsverhältnisse und deine Flugfähigkeiten gespeichert. Die Entscheidung für den einen oder den anderen Wurm erfolgt im Bruchteil einer Sekunde.

Die Entscheidung, ob wir uns auf eine längere Reise begeben sollten oder nicht, sollten wir jedoch nicht intuitiv treffen, sondern wir sollten unsere Kondition und Verfassung bewusst einschätzen.

Kommen wir zuletzt zur Metaethik. Die Metaethik setzt sich mit den Grundlagen der Ethik auseinander, beispielsweise mit der Frage, ob es überhaupt objektive

Werte geben kann oder nur subjektive. Es geht der Metaethik demnach weniger um Inhalte als um den Status der Ethik: Ist sie eine auf Erfahrung basierende Wissenschaft – die Menschen sagen *empirische* Wissenschaft – oder ist Ethik gar nicht wahrheitsfähig?"[153]

Jannis schluckt: „Was glaubst du?" Konradin lehnt sich zurück und muss dabei aufpassen, nicht von der Oberleitung zu fallen. Dann antwortet er: „Du kannst die unterschiedlichen Normensysteme rein sachlich beschreiben. Dies wäre dann die objektive Variante; die Menschen nennen sie deskriptive Ethik.[154] So habe ich es gerade mit den einzelnen Ethiken getan. Du kannst die Normensysteme darüber hinaus auch inhaltlich bewerten, beispielsweise unter den Perspektiven von *gut* und *böse*. Die Menschen bezeichnen letztere Variante als normative Ethik.[155]
Auch das habe ich getan, indem ich meine persönliche Meinung zum ethischen Nihilismus geäußert habe. Ich bin kein Nihilist, sondern finde Werte und Normen wichtig. Trotzdem beurteile ich Werte und Regeln immer kritisch im Hinblick auf ihre Sinnhaftigkeit.
Kriterien zu finden, warum man etwas für *gut* oder *schlecht* hält, gehört für mich daher auch zur wissenschaftlichen Diskussion. Tatsache ist, dass die Kriterien selbst dann nicht mehr streng wissenschaftlich begründet werden können. Ethische Konzeptionen hoffen, dass ihr Anspruch auf Allgemeingültigkeit von anderen geteilt wird."[156]

„Ok, das war jetzt wieder etwas viel, Papa. Ich wiederhole und fange mal mit dem Werten an: Ich finde, dass die genannten religiösen Ethiken wegen des vorschreibenden Charakters am ehesten der deontologischen Ethik entsprechen."

Konradin staunt einmal mehr über die schnelle Auffassungsgabe seines Sohns: „Das kann man so sagen, Jannis. Manche Ethiken sind handlungsorientiert, beispielsweise die deontologische Ethik, die das ausnahmslose Anwenden von als sinnvoll erachteten Normen empfiehlt, sozusagen als Orientierungshilfe für Situationen, in denen es keine verbindlichen Regelungen gibt.

Andere Ethiken sind folgenorientiert, beispielsweise der Utilitarismus, der den zukünftigen Gesamtnutzen im Blick hat.

Die philosophischen Ethiken wirken auf mich darüber hinaus, mit Ausnahme der Werteethik, nüchterner als die religiösen Ethiken und die wiederum emotionaler als die philosophischen." „Wie das, Papa?", fragt der kleine Rabe.

„Bleiben wir hier bei der eben erwähnten christlichen Ethik. Indem sie von der Unvollkommenheit des Menschen und von der bedingungslosen Liebe von Gott gegenüber den Menschen ausgeht und ihnen eine Wiedergeburt im Paradies verspricht, kann sie Trost spenden und Hoffnung erzeugen. Indem sie Nächstenliebe fordert, kann sie ein Zeichen gegen das Leid in der Welt setzen.

Ganz allgemein kann man über Religionen sagen, dass der Glaube den Menschen ermöglichen kann, sich mit der Welt verbunden zu fühlen und eine tiefe innere Ruhe zu spüren. Und das gilt eigentlich genauso für viele Philosophien."

„Oh, ich verstehe, Papa. Ich würde diese Strategien bei Bedarf kombinieren, um möglichst dauerhaft glücklich zu sein." Konradin nickt zustimmend: „Ja, Jannis, auch wenn die Ethiken jeweils für sich den Anspruch haben, ausreichend Substanz zum gelingenden Leben zu enthalten, können sie sich gut ergänzen. Sie können kombiniert und individuell angepasst werden.

Das Mindeste wäre, sich bewusst zu machen, dass es mehrere Wege gibt, um glücklich und zufrieden zu werden beziehungsweise zu bleiben. In der einen Situation mag die eine Strategie die passende sein, in einer anderen eine andere. Aber viele Menschen scheinen nicht so nachdenklich zu sein wie wir Raben. Manche – das sind beispielsweise die Despoten, von denen ich dir schon erzählt habe – glauben, dass es nur ein richtiges Ziel gibt. Menschen mit einem entsprechenden Weltbild gehen davon aus, dass es nur einen Weg zum Glück gibt. Du glaubst gar nicht, wie oft ich schon erleben musste, wie Menschen ihre jeweilige Ethik für die absolute Wahrheit gehalten und den anderen Lebewesen jedes Recht zu leben abgesprochen haben. Dabei weiß doch jeder Rabe, dass immer mehrere Flugrouten ans Ziel führen."

Jannis schluckt, bevor Konradin fortfährt: „In diesem Zusammenhang gibt es eine Verbindung – die Wissenschaftler unter den Menschen bezeichnen sie als Korrelation – mit Bildung, aber ich kenne genügend erschreckende Ausnahmen.

Viele Menschen haben ein großes Problem damit, andere Meinungen zu akzeptieren. Dabei ist ihnen weniges so wichtig wie die Freiheit – und diesen Widerspruch bekommen sie oftmals nicht aufgelöst.

Intoleranz kann zu ganz schrecklichem barbarischem Verhalten führen. Im schlimmsten Fall, dem bereits erwähnten Fanatismus, können Lebewesen so viel Hass erzeugen, dass sie in der Lage sind, anders denkende, anders aussehende oder zu anderen Sippen gehörende Individuen systematisch auszurotten." Jannis schüttelt ungläubig den Kopf. „Ich hoffe, dir bleiben solche schrecklichen Beobachtungen erspart", fährt Konradin fort.

Daher ist es wichtig, dass herausragende Vertreter bestimmter Religionen und Philosophien die Existenz der anderen anerkennen und gutheißen. So einer ist zum Beispiel der Dalai-Lama, ein buddhistischer Führer, der den Menschen empfiehlt, der jeweils eigenen Religion treu zu bleiben, auch wenn sie nicht seiner eigenen buddhistischen Überzeugung entspricht.

Die Ethiken haben darüber hinaus untereinander große Schnittmengen. So findet sich die *goldene Regel* in vielen Religionen."[157] Der kleine Rabe hakt ein: „Was ist denn die goldene Regel, Papa?" Und Konradin erklärt: „Die goldene Regel besagt, dass jeder so leben soll, dass er dabei seinen Mitmenschen nicht schadet. Sie fordert gegenseitige Rücksichtnahme."

Jannis ist beeindruckt: „Wow, das ergibt Sinn. Gut für die Menschen, dass diese Regel in verschiedenen Ethiken vorkommt, für den Fall, dass ihre Anhänger intolerant sind und nur ihre Ethik als den wahren Weg betrachten."

Dann wird der junge Rabe ernst: „Wie können wir die Menschen dazu bringen, dass sie die goldene Regel auch bei anderen Lebewesen wie uns Raben beachten?" Konradin muss vor dem Antworten schmunzeln: „Das hängt davon ab, ob die Menschen dazu bereit sind, überlieferte Strategien und Glaubensvorstellungen anzupassen. Ein weitverbreiteter Gedanke unter den Menschen ist, dass sie sich für die am höchsten entwickelten Lebewesen halten. Diese Überzeugung stellen sie nur ungern infrage." Nun schmunzelt Jannis: „Dies hängt sicher mit ihrem geringen Selbstbewusstsein zusammen." Konradin mahnt zur Bescheidenheit: „Lass uns trotz ihrer Schwächen versuchen, nicht herablassend über die Menschen zu reden. Wenn wir Glück haben, versuchen die Menschen, die Erde zu bewahren, und schließen uns damit indirekt mit ein. Alternativ müssten wir ihnen Anlass dazu geben, den Grundsatz infrage zu stellen, indem wir ihnen den Nutzen eines solchen Sinneswandels für sie aufzeigen. Denn Nutzen führt bei den stark ökonomisch orientierten Menschen meist zur Anpassung von Strategien und Regeln."

„O.K., Papa, nochmal zurück zum eigentlichen Thema, bitte! Die philosophischen und religiösen Ethiken sind für die Menschen Reiserouten oder – wie die Menschen es nennen – Strategien zum *guten Leben* und haben gewisse Dopplungen, beispielsweise die goldene Regel?"

„Genau so ist es, mein Sohn. Mit sich und der Welt zufriedene Menschen orientieren sich bewusst oder unbewusst häufig zumindest an einer dieser bewährten Strategien, passen sie für sich an und entwickeln so ihre individuelle Strategie zur Verfolgung ihrer Zielvorstellungen und damit indirekt zur Befriedigung ihrer Bedürfnisse.

Vieles davon ist letzten Endes gesunder Verstand. Neben den bereits erwähnten Inhalten der Ethiken fällt mir auf, dass zufriedene Menschen meist sehr aktiv sind.

Sie sind gewillt, nach ihren Überzeugungen, Träumen und Visionen zu leben. Sie wollen etwas aus ihrem Leben machen, etwas im Leben bewirken. Sie sind sich dessen bewusst, dass es dazu vieler kleiner Schritte bedarf. Ihre Zielvorstellungen geben ihnen Sinn, Kraft und Ausdauer, auch *beschwerlichere Etappen* zurückzulegen und Hindernisse zu überwinden, statt den vermeintlich bequemsten Weg zu gehen. Ihre tagtäglichen Handlungen basieren auf ihren Überzeugungen. Ihre Mitmenschen empfinden sie dadurch als natürlich; sie nennen das *authentisch*.

Zufriedene Menschen sind sehr oft Menschen, die ihre Potenziale entfalten wollen und sich deshalb intensiv mit ihren Stärken auseinandersetzen. Es sind Menschen, die dazulernen wollen, die sich weiterentwickeln wollen – ganz nach dem Motto: ‚Wer aufgehört hat zu lernen, hat aufgehört, gut zu sein‘ – und sich ihre Neugierde und ihren Lerneifer ein Leben lang bewahren. Menschen, denen bewusst ist, dass Wachstum außerhalb der *Komfortzone* stattfindet,[159] und die deshalb ihre Weiterentwicklung nicht aus Bequemlichkeit irgendwann einstellen. Dadurch bewahren sie sich ihre Anpassungsfähigkeit und es gelingt ihnen stets, auch mit neuen Situationen zurechtzukommen. Nebenbei ist die Nutzung und Entwicklung von Talenten nicht nur besonders effizient, sondern man erzielt damit auch die höchste Wirkung. Die Menschen bezeichnen das als effektiv. Häufig vergessen sie bei der Ausübung ihrer Tätigkeiten Raum und Zeit, so konzentriert und aufmerksam gehen sie ans Werk; sie nennen diese Situation, die über Stunden anhalten kann, *Flow*.[160]

Zufriedene Menschen sind Menschen, die selbstbestimmt leben, die Verantwortung für ihr Leben übernehmen. Menschen, die aber auch genießen und entspannen können. Manche haben gelernt, sich bewusst zu erholen, und nennen das dann Meditation, Yoga oder autogenes Training.

Andere entspannen unbewusst zusammen mit Freunden oder allein, zuhause vor den Flimmerkisten, mit Büchern oder in der Natur. Sie spüren dabei eine große Behaglichkeit und Wärme, während sie beim Flow aufgrund ihrer Konzentration Gefühle meist erst im Nachgang spüren.[161]

Ihre positive Einstellung zum Leben führt dazu, dass sie mit sich und der Welt zufrieden sind und negative Ereignisse – die jeden irgendwann einmal ereilen – nicht als selbstverschuldete Bestrafung auffassen."

Jannis lässt das Gehörte sacken. „Sag mal, Papa, ich hätte vermutet, dass mit sich und der Welt zufriedene Menschen auch sehr soziale Menschen sind, die sich um ihre Mitmenschen kümmern." Konradin strahlt seinen Sohn an. „Du bist schon sehr klug. Du ergänzt direkt, was ich vergessen habe, aufzuführen." Der kleine Rabe fühlt sich geschmeichelt und fragt weiter:

„Ein *gutes* Leben zu führen, ist also auch bei den Menschen eine Daueraufgabe, Papa?" Konradin schnalzt zustimmend mit seiner Zunge: „Ganz genau! Du kannst ein gutes Leben als kontinuierliche Entwicklung betrachten. In Abhängigkeit von neuen Erlebnisse und aus ihnen gewonnenen Erkenntnissen und Erfahrungen verfeinern die Menschen von Zeit zu Zeit ihre positiven kurz- und langfristigen Strategien und werden so zu wahren Meistern ihres Wohlbefindens.

Meine Erkenntnisse legen die Vermutung nahe, dass Menschen, die sie durch eine liebevolle Erziehung, positive Erfahrungen oder die Adaption gewisser Glaubensvorstellungen – beispielsweise des Glaubens an die Liebe Gottes – eine innere Zuversicht erlangt haben, mit sich und der Welt zufriedener sind.
Da stellt sich natürlich aber die Frage, was zuerst da war – Henne oder Ei. Durch ihre klaren Zielvorstellungen, passende Umsetzungsstrategien – ob bewusst oder unbewusst gewählt – und die zuletzt beschriebene Ausdauer verfügen glückliche Menschen über eine zuversichtliche Grundeinstellung. Sie wissen, dass sie Ziele erreichen und etwas bewirken können.

Wie dem auch sei – glückliche Menschen sind meist sehr hoffnungsvolle Menschen mit dem nötigen Vertrauen in sich und die Welt. Es sind die glücklichen Menschen, die die Bedeutung des Gebens und Nehmens im Sinne der

Gemeinschaft erkennen und schätzen lernen und sich entsprechend verhalten. Das siehst du daran, dass diese Menschen sich auch sehr aktiv für den Erhalt und die Weiterentwicklung der dafür erforderlichen Voraussetzungen – zum Beispiel sinnvolle staatliche und nichtstaatliche Institutionen – einsetzen."

„Dies klingt nun wieder ziemlich theoretisch", krächzt der kleine Rabe. Konradin zwinkert ihm aufmunternd zu: „Dann schau dir beispielsweise den Menschen an, der hier direkt bei uns am Park wohnt." „Den großen mit dem fast kahlen Kopf, der abends öfter durch den Park joggt oder mit seiner Frau Hand in Hand spazieren geht?" fragt Jannis nach. Der weise Rabe nickt: „Genau den. Er nimmt sich regelmäßig Zeit, sein Leben zu hinterfragen, seine Erfahrungen und Erlebnisse zu reflektieren. Die Erkenntnisse daraus, ergänzt durch die Impulse, die er durch den Austausch mit seinen Mitmenschen bekommt, finden Eingang in seine Notizen. Und im nächsten Schritt werden dann die Notizen als Grafik zusammengefasst.

Andere Menschen verarbeiten ihre Vorstellungen und Erfahrungen in Gedichten, Liedern oder Bildern. Aber dieser Mensch macht es uns besonders leicht, ihn bei seinem Strategiefindungsprozess zu beobachten. Lass uns dazu in sein Fenster schauen; er hat die Grafik für uns einsehbar an die Wand gehängt."
Die beiden Raben fliegen zu dem Haus, in dem der Mann wohnt, und blicken durch das Dachfenster auf die Wand, an der die Grafik hängt. Schemenhaft erkennen sie heute

nur die Überschriften, das macht aber nichts, da Konradin viele Textbausteine noch gut in Erinnerung hat.

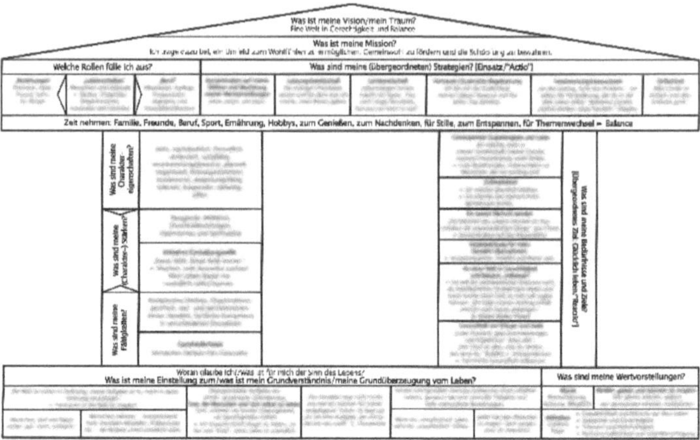

Grafik „Mein Haus", Stand: Mai 2017[162], ausschnittsweise Darstellung [Im Querformat auch auf S. 218 abgebildet.]

„Wow, die Zeichnung gefällt mir!", ruft Jannis und Konradin erklärt: „Auf den ersten Blick mag sie umfangreich erscheinen, aber es verbirgt sich eine Ordnung in ihr. Im Fundament hat der Mensch – basierend auf seinen Erfahrungen und Erkenntnissen – sein Grundverständnis vom Leben und seine Wertvorstellungen festgehalten. Dieser Mensch geht beispielsweise davon aus, dass die Welt für sich O.K. ist und er sich in sie einbringen soll. Als Christ ist es ihm wichtig, Gott, die Menschen und sich selbst zu lieben.

In der linken Stütze hat er seine Fähigkeiten, Stärken und Eigenschaften festgehalten, unter anderem, dass er sehr neugierig und nachdenklich ist." Jannis grinst: „Was für eine Überraschung. Was für weitere Eigenschaften meint er zu haben?" Konradin, der sich durch jahrelanges Training die menschliche Schrift in dieser Region beigebracht hat, liest ihm die Inhalte aus seiner Erinnerung vor. Bei dem Zitat „Etwas fehlt. Etwas fehlt immer." ruft der kleine Rabe: „Typisch Mensch! Und was steht auf der rechten Seite?"

„Rechts, in der zweiten Stütze, stehen die Bedürfnisse und Ziele des Menschen, beispielsweise, dass er sich in seiner Gesellschaft, seiner Familie und seinem Freundeskreis wohlfühlen möchte.

Darüber, im Dach, befinden sich die Rollen, die er in seinem Leben einnimmt, und die übergeordneten Strategien, mit denen er seine Ziele verfolgt."

„Was versteht dieser Mensch unter Rollen?", muss der kleine Rabe nachfragen. Konradin erklärt: „Dieser Mensch ist sich dessen bewusst, dass er zugleich Ehemann, Vater, Freund, Sohn und Bürger ist. Durch die arbeitsteilige Welt der Menschen kommen bei ihm noch die Rollen als Mitarbeiter, Kollege und Vorgesetzter hinzu. Die Rollen kann er gleichzeitig wahrnehmen, aber meist nimmt er in einem Augenblick jeweils nur eine Rolle wahr und verhält sich dann so, wie es für die entsprechende Rolle typisch ist. So kann er ein fürsorglicher Freund, aber auch ein knausriger Vorgesetzter sein, wenn die jeweilige Rolle dies erfordert." Der kleine Rabe stöhnt: „Auweia! Die Menschen machen es sich auch kompliziert. Können sie nicht einfach nur Mensch sein?"

Konradin lacht: „Ja, einfach haben die Menschen es mit den verschiedenen Rollen manchmal wirklich nicht. Spannend für uns ist, zu beobachten, welcher Wesenskern sich hinter den einzelnen Menschen verbirgt, wenn man all ihre Rollen einmal beiseitelässt."[163] „Und was bildet die Spitze der Zeichnung?", fragt Jannis ungeduldig. Konradin antwortet: „Die Dachspitze bilden seine Vision – damit ist sein übergeordnetes Ziel gemeint – und seine Mission. Unter Mission versteht er seine wesentliche Aufgabe." „Und die wäre?", bohrt Jannis weiter.

„Für diesen Menschen hier ist eine Welt in Gerechtigkeit und Balance das erstrebenswerte, übergeordnete Ziel. Aber ich befürchte, dass es ihm, wie den meisten Menschen, vordergründig um den zwischenmenschlichen Interessenausgleich geht, und wir Raben und andere Lebewesen in seiner Vision nicht explizit mit enthalten sind. Das sollten wir genauer beobachten. Und als seine Mission betrachtet dieser Mensch, niemandem zu schaden – er hat es nur umständlicher formuliert." „Aha!", ruft der kleine Rabe. „Niemandem zu schaden, sollte auch uns Raben beinhalten. Das lässt sich in der Tat überprüfen. Und du bist dir ganz sicher, dass er seine Grafik regelmäßig anpasst?" Konradin lacht: „Ganz sicher. In manchen Jahren hat er sie weitestgehend so belassen, wie sie ist, und dann gab es Jahre, da hat er sie fast wöchentlich angepasst. Die Zeichnung stellt für ihn eine Zusammenfassung seiner übergeordneten Ziele, Rollen und Strategien dar. Bei Bedarf arbeitet er mit den einzelnen Themen auf separaten Blättern im Detail."

Jannis ist von dem Beispiel mit der Grafik noch nicht ganz überzeugt: „Und du bist dir sicher, dass weniger der exakte Inhalt der einzelnen Bausteine für das menschliche Wohlbefinden entscheidend ist als die generelle Auseinandersetzung mit den jeweiligen Zielen, Stärken und Rollen?"

„Ja, ganz genau!", ruft Konradin. „Es gibt kein menschliches Glück im Allgemeinen. Es gibt nur erfüllte und unerfüllte Erwartungen.[164] Glück hängt von den eigenen Erwartungen ab. Diese sind, wie vorhin erwähnt, individuell verschieden. Menschen haben unterschiedliche Erwartungen an ihr Leben. Im Idealfall richten sie ihr Leben entsprechend so aus, dass ihre Erwartungen eine hohe Eintrittswahrscheinlichkeit haben, oder sie korrigieren ihre Erwartungen und verspüren dann das Gefühl von Glück und Zufriedenheit, wenn sich die ursprünglichen oder angepassten Erwartungen erfüllen.

Die Menschen gewichten ihre Bedürfnisse – in Abhängigkeit von Anlage und Umfeld – unterschiedlich und diese Gewichtung ändert sich auch mit der Zeit. Es wäre folglich ein sehr großer Zufall, wenn die Grafik eins zu eins auch auf andere passen würde oder dem einen Menschen über sein ganzes Leben hinweg unverändert hilfreich wäre.

Ich bin mir aber sicher: Wenn alle Menschen solche Häuser skizzierten, würden sich bestimmte positive Einstellungen, Wertvorstellungen, Strategien und Träume wiederholen, weil sie sich bewährt haben.

Sehr wahrscheinlich gäbe es gewisse altersbedingte und kulturelle Unterschiede. Es wäre auch sehr interessant, die Entwicklung über die Jahre zu beobachten. Ähnlich würden sich die Visionen und Träume der Menschen wiederholen, die Sicherheit und Hoffnung vermitteln."

„Gibt es auch etwas, das garantiert ins Unglück führt?"

„Eine gute Frage, Jannis. Soweit ich das beobachten und beurteilen kann, erweist es sich für Menschen häufig als nachteilig, wenn sie sich zu intensiv mit ihren Mitmenschen vergleichen. Die Menschen kennen ihre Mitmenschen selten genau genug und vergleichen sich daher oft nur einseitig mit deren offensichtlichen Vorzügen. Sie werden dann oft neidisch auf sie, obwohl sie es eigentlich nicht sein bräuchten. Sie blenden in den Momenten ihre eigenen Stärken aus und vergessen, dass auch ihre Mitmenschen Lasten zu tragen haben.

Außerdem haben viele Menschen einen starken Hang zur Rechthaberei, der ihnen den Weg zur Zufriedenheit versperrt.[165] Sie glauben, es ist für ihren Selbstwert wichtig, gegenüber Dritten stets recht zu haben. Dabei reicht es aus, zu spüren, von Dritten gebraucht zu werden, die Erfahrung zu machen, etwas bewirken zu können, und mit sich im Reinen zu sein.[166]

Jetzt bist du wieder dran: **Was hast du heute, am fünften Abend, über den Menschen gelernt, Jannis?"**

Jannis gähnt. Er ist so müde von all den Erkenntnissen geworden, dass er nur noch zu einem zusammenfassenden Satz in der Lage ist: „Glückliche Menschen scheinen auf der ganzen Welt ihr Bestes zu geben!"

Konradin schmunzelt. „Das war jetzt aber eine sehr kurze Zusammenfassung.

Unter der Voraussetzung, dass die Grundbedürfnisse gedeckt sind, ist es wichtig, dass du dir neben Veranlagung und Umfeld Folgendes merkst:

Glückliche Menschen sind meist besonders aktive Menschen, die sich für ihr Handeln verantwortlich fühlen, die Gefallen an ihrer Entwicklung empfinden und sich dadurch ihre Anpassungsfähigkeit bewahren. Es sind häufig aber auch Menschen, die innehalten und die einzelnen Momente genießen können.
Und am Rande sei angemerkt, dass von ihnen weniger unmittelbare Gefahr für uns ausgeht. Sie müssen für das eigene Glück keine Raben oder andere Lebewesen quälen.“

Kaum hat Konradin ausgesprochen, fallen Jannis auch schon die Augen zu. Papa Konradin rückt an seine Seite und drückt seinen Sohn noch einmal fest und krächzt: „Nun schlaf mal gut, ich habe dich sehr lieb!“
Gerne hätte er noch einmal den Bogen zum ersten Abend gespannt und ergänzt, dass es bei der Bedürfnisbefriedigung letzten Endes um die Maximierung des Wohlbefindens geht. Aber er merkt selbst, dass er sich bei seinen Ausführungen kürzer fassen muss.

Kapitel 6

Was können Menschen von uns Raben lernen?

Konradin und Jannis fliegen in der Abendsonne eine Schleife über den Biergarten am Neckarstrand, wo um diese Zeit Hochbetrieb herrscht. Um den Feierabendtrubel unter ihnen beobachten zu können, setzen sie sich auf die Dachbrüstung eines Hochhauses nahe dem Park. Nach einer Weile des gebannten Zuschauens stupst Jannis seinen Vater an: „Papa, ich will noch mehr über den Menschen wissen." Konradin rollt mit seinen Augen: „Aber Jannis, du hast doch mittlerweile so viel über den Menschen gelernt. Gibt es nicht langsam andere Dinge, die dich mehr interessieren?"

Jannis schüttelt energisch den Kopf: „Nein, Papa. Dank deinen Beobachtungen und Erläuterungen weiß ich jetzt vieles über den Menschen. Er ist im Vergleich zu den anderen ein ausgesprochen vielseitiges Lebewesen. Die Menschen erstaunen mich immer wieder, wie sie stundenlang gebannt vor Bildschirmen verbringen können, ohne müde und hungrig zu werden, oder wie sie sich permanent mit ihren Handys beschäftigen können.

Einige Menschen sind ziemlich putzig. Sie kleiden sich sorgsam mit diversen Hilfsmitteln und stolzieren dann auf den breiten Straßen und Plätzen in den Städten auf und ab – wie die Pfauen bei uns im Park. Andere hingegen sind von ihrem Äußeren her kaum von der Masse zu unterscheiden.

Und ich mag den Sommer wie im Moment – mit all den lachenden Menschen abends im Freien, die tanzen, sich gegenseitig um den Hals fallen und in den Armen liegen." Jannis entdeckt eine junge Familie, an der er sein Gefallen an den Menschen verdeutlichen kann: „Schau mal, wie zufrieden und sorglos das kleine Mädchens unter uns ist! Sie ist rundum glücklich, weil Mama und Papa mit ihr noch auf dem Spielplatz sind. Sieh nur, wie sie gerade beim Schaukeln strahlt! Das Mädchen wird später müde und zufrieden zu Hause in ihrem Bett einschlafen und dabei an den schönen Tag denken.

Was mir hingegen überhaupt nicht an den Menschen gefällt, ist, dass sie andere Menschen und Lebewesen in manchen Situationen scheinbar grundlos schlecht behandeln – wenn Menschen versuchen, uns mit Nüssen zu bewerfen; wenn sie die Tiere, die bei ihnen im Haus leben, quälen; wenn eine Gruppe Jugendlicher auf einen am Boden liegenden Jugendlichen weiter eintritt.
Für mich sind das Momente sinnloser Gewalt und mich erschreckt der Gedanke, dass die Gruppenmitglieder versuchen, damit ihre Zugehörigkeit zu zeigen und ihr schwaches Selbstwertgefühl zu steigern.
Genauso schlimm finde ich Situationen, in denen sich Menschen selbst Gewalt antun, sich selbst schädigen. Ich musste sogar schon einmal beobachten, wie sich ein Mensch sein Leben genommen hat und mit Absicht von einem hohen Gebäude wie diesem in die Tiefe gesprungen ist.

Das sind Momente, in denen möchte ich einfach nur ganz schnell weiterfliegen. Anzusehen, wie erbärmlich manche Menschen ihre Hunde oder Nutztiere, die eigenen Kinder, Mitmenschen oder sich selbst behandeln, macht mir Angst."

Konradin hört seinem Sohn aufmerksam zu und lässt Jannis weiterreden: „Gestern habe ich von dir erfahren, warum es glücklichere und unglücklichere Menschen gibt. Ich habe in den vergangenen Tagen gelernt, dass alle Menschen ähnliche Bedürfnisse haben und es letztlich in ihrem Leben, genauso wie bei den anderen Lebewesen, darum geht, sich möglichst dauerhaft wohlzufühlen. Warum wirken viele Menschen – trotz all ihrer Fähigkeiten – weit weniger zufrieden als wir Raben? Das finde ich eine spannende Frage, die sich für mich an das bereits Gelernte anschließt. Oder, anders formuliert: Was können Menschen von uns Raben lernen, um genauso zufrieden zu werden wie wir?"

Konradin klopft seinem Sohn auf die Schulter: „Wohlüberlegte Fragen!
Ich habe dir an den vergangenen Abenden erklärt, was Menschen als solche auszeichnet und wie sie ihr Zusammenleben organisieren. Eine Wertung habe ich dabei weitestgehend zu vermeiden versucht, auch wenn es mir nicht immer gelungen ist.
Du hast gerade sehr anschaulich beschrieben, dass es Situationen gibt, in denen wir uns mit den Menschen freuen, und Situationen, die uns ängstigen. Wie gestern möchte ich zunächst die Frage an dich zurückgeben, da

du schon so viel von den Menschen weißt. Was denkst du?"

Jannis schließt die Augen, um sich besser konzentrieren zu können. Dann wird Jannis fast schon philosophisch, als er das Gelernte aus den vergangenen Tagen kombiniert: „Ich glaube, Zufriedenheit ist nicht ihr oberstes Ziel, denn im Gegensatz zu uns halten sie Angst, Ungerechtigkeit und Unfreiheit sehr lange aus. Nur über die Gründe bin ich mir nicht so sicher. Ich vermute, es ist eine Mischung aus Bequemlichkeit, Gleichgültigkeit und Hoffnungslosigkeit."

Konradin bittet Jannis, seine These über die Ursachen zu präzisieren. Und Jannis führt aus:

„Viele Menschen nutzen selbst auf kurze Distanz lieber diverse Hilfsmittel, als sich mit ihrer eigenen Kraft fortzubewegen. Schon die Kinder bei uns im Park werden von ihren Eltern geschoben. Da verwundert es nicht, dass sie auch in der Natur Hilfsmittel benötigen, um auf einen Berg zu kommen. Warum können Katzen nicht genauso bequem sein? Dann würden sie uns Raben in Ruhe lassen?"

Laut lachend antwortet Konradin: „Ich verstehe, was du meinst, mein Sohn. Die meisten Menschen sind bei uns in der Region viel bequemer als wir Raben, nicht nur bei der eigenen Fortbewegung. Viele Menschen haben die Erwartungshaltung, dass sie sich in ein gemachtes Nest setzen können. Sie glauben, allein mit ihrer Leistung im

Beruf oder mit ihrem Vermögen sei alles abgegolten, nicht nur ihr Lebensunterhalt.

Sie reduzieren ihren gesellschaftlichen Beitrag, gefördert durch die Arbeitsteilung und repräsentative Demokratie, auf die Stimmabgabe bei Wahlen sowie die Entrichtung von Steuern und verbringen all ihre Freizeit mit ihrer Familie, Freunden und Hobbys.

Unter der Annahme eines perfekt funktionierenden Sozialstaats, der sich um die Nöte jedes einzelnen Menschen kümmert, für Gerechtigkeit und all die anderen gewünschten Rahmenparameter sorgt und der selbst keinerlei Wartung und Instandsetzung bedarf, mag das theoretisch funktionieren. Aber erstens ist das ein nicht erreichbarer Idealzustand – ein Staat wird sich kaum um jeden einzelnen Hilfsbedürftigen kümmern können und staatliche Organe, Einrichtungen und Regelungen bedürfen der regelmäßigen Anpassung an sich verändernde Rahmenbedingungen. Und zweitens gehen viele Menschen sogar noch einen Schritt weiter und gehen gar nicht mehr wählen und vermeiden durch Tricks jegliche Steuern. Sie schwächen den Staat auch noch bewusst. Die besonders großen Unternehmen machen es ihnen oftmals vor.

Die Menschen hoffen dann, dass ihre Stimmenthaltung nicht negativ ins Gewicht fällt, und vertrauen darauf, dass es – in ihren Augen genügend dumme – Mitmenschen gibt, die ihren Steueranteil mittragen. Sie prahlen stolz, wie viele Steuern sie sparen konnten, statt sich über die Höhe der geleisteten Abgaben für die Allgemeinheit zu freuen. Sie rechtfertigen ihr Verhalten, indem sie sinnvolle steuerfinanzierte Güter, von denen sie selbst profitieren, ausblenden und einseitig auf Steuerverschwendungen hinweisen, statt zu versuchen, Steuerverschwendungen durch politisch-gesellschaftliches Engagement abzustellen."

Jannis präzisiert seinen ausschweifenden Vater: „Sie fliegen sozusagen im Kreis und merken es nicht?" Konradin nickt: „Du bringst es auf den Punkt. Sie fliegen ziellos durch ihr Leben. Aber auch bei uns Raben gibt es bequem gewordene Artgenossen, die ihr Revier nicht verlassen und sich dann beklagen, dass ihr Leben langweilig ist. In meinen Augen ist das sehr bedauerlich, da sie so all die vielen interessanten Erfahrungen verpassen. Nur sind bei uns Raben die bequemen Artgenossen eher die Ausnahme. Schließlich weiß jeder Rabe, dass es Wachstum und Genuss ohne Anstrengung nicht gibt.[167] Aber bei den Menschen scheint sich diese Erkenntnis nicht durchsetzen zu wollen oder die jetzigen Generationen haben es wieder vergessen. Du hast sicher noch meine Erzählung vom menschlichen Versuch in Erinnerung, Wirtschaftswachstum ohne Anstrengung zu erzeugen. Die Menschen erhöhen einfach so lange die Geldmenge, bis das Wirtschaftssystem kollabiert. Und sie erhöhen so lange den Verbrauch an fossilen Brennstoffen, bis die Umwelt kollabiert."

In Rage geredet, fährt Konradin mit lauter Rabenstimme fort: „Erstaunlich finde ich auch, dass viele Menschen davon ausgehen, aus einmal Erreichtem einen Anspruch für die Ewigkeit ableiten zu können. Die Menschen haben dafür ein eigenes Wort kreiert: Besitzstand. Sie verteidigen mit allen Mitteln ihren einmal erreichten Wohlstand oder Status, statt langfristig die dafür erforderliche Leistung zu erbringen. Diese Menschen wollen nicht akzeptieren, dass sie ihren Mitmenschen bei entsprechender Leistung auch einmal den Vorsitz für ein Unternehmen oder eine Organisation überlassen sollten.

Und das ist noch eine harmlose Variante, die Frust nur im unmittelbaren Umfeld erzeugt. Die viel erschreckendere Dimension ist die globale, nämlich, dass die Menschen in wohlhabenden Regionen stillschweigend beschlossen haben, ihren Wohlstand gegen den Rest der Welt zu verteidigen und dabei ausblenden, welches Leid sie dadurch in anderen Regionen erzeugen und erhalten können.

Die Erkenntnis, dass Wohlbefinden auch eine Langfristperspektive beinhaltet, ist den ungeduldigen Menschen nicht angeboren."

Konradin muss Luft holen; dann fragt er: „Und woran machst du die Gleichgültigkeit und Hoffnungslosigkeit fest, die du erwähnt hast?" Jannis muss lachen: „Du hast doch gerade selbst Beispiele für die Gleichgültigkeit geliefert: In ihrer anonymen arbeitsteiligen Welt sind sich die Menschen gleichgültig geworden; sonst würden sie ihren Besitzstand doch nicht so vehement gegenüber Kollegen verteidigen oder ihren Wohlstand gegenüber anderen Regionen." Konradin fühlt sich ertappt. „Stimmt, Ungerechtigkeit und Leid der anderen ist ihnen ziemlich egal, solange sie nicht unmittelbar betroffen sind. Sie sind gut darin, auszublenden, dass sie vielleicht einfach nur Glück hatten und das Schicksal sich auch mal gegen sie wenden kann und sehen die Dringlichkeit bei ihren Mitmenschen nicht.

O.K., mein Sohn, dann begründe mir die gefühlte Hoffnungslosigkeit." Jannis überlegt: „Auf meinen bisherigen Reisen[1] habe ich viel Elend gesehen – Orte, die zugemüllt waren, die stanken und Orte, an denen viel Gewalt herrschte. Und wenn ich nach einiger Zeit wieder vorbeiflog, war der Zustand noch genauso schlimm. Es war überhaupt keine Veränderung zum Positiven feststellbar. Ich glaube nicht, dass es den Menschen an diesen Orten egal ist, wie sie leben. Ich habe den Eindruck, dass sie sich von den Machthabern ausgegrenzt fühlen und dass sie die Hoffnung auf eine positive Veränderung aufgegeben haben.

Und selbst bei uns in der Gegend, mit weit weniger menschlichem Müll, Gestank und menschlicher Gewalt kenne ich Leute, die sich einfach nur träge vor ihre Bildschirme setzen oder Geld in blinkende und lärmende Kisten stecken und dabei Alkohol in großer Menge trinken. Dies ist kein ihrer Talente würdiger Anblick. Von hier oben sieht es eher ziemlich traurig aus.

Warum kümmern sich die Menschen nicht intensiver um ihre Umwelt, ihre Familie und ihre Freunde oder entwickeln sich selbst weiter? Ich glaube, es reicht nicht, dies allein auf ihre Bequemlichkeit oder Gleichgültigkeit zurückzuführen."

Konradin staunt nicht schlecht über die Auskunft seines Sohns. Schmunzelnd antwortet er: „Auch wenn ich dir recht gebe, dass es solche trostlosen Orte und solche lethargischen Menschen gibt, hast du dir doch ziemlich klischeehafte Beobachtungen herausgepickt. Für die Anschaulichkeit ist das O.K.; wir müssen jedoch mit Verallgemeinerungen sehr vorsichtig sein. Nur in wenigen Fällen gibt es für ein Verhalten nur eine einzige Ursache, wie du ja richtig vermutest.

Selbst in Regionen ohne funktionierende staatliche Strukturen, in denen Hunger und Elend herrschen, oder in Diktaturen, gibt es hoffnungsvolle Menschen, die an einer besseren Zukunft mitbauen.

Und Menschen bei uns in der Region, die den ganzen Tag vor den Bildschirmen sitzen und dabei Alkohol trinken, sind eher die Ausnahme als die Regel." Jannis fällt seinem Vater ins Wort: „Über die Anzahl kann man streiten. Aber, warum spielen die trägen Menschen nicht häufiger mit ihren Kindern oder unternehmen mehr mit Freunden?" Konradin seufzt, bevor er fortfährt: „Ihre Berufstätigkeiten scheinen sie so zu erschöpfen, dass sie die Flimmerkisten anderen Tätigkeiten vorziehen. Vielleicht haben sie aber auch keine Kinder oder Freunde. Und der regelmäßige Konsum von Alkohol hilft ihnen, die empfundene Hoffnungslosigkeit zu vergessen."

Konradin fügt noch einen weiteren Punkt hinzu: „Mich persönlich erschrecken genauso die vielen energiegeladenen Mitmenschen, die wissen, welche Probleme es vor Ort und in der Welt gibt, sich aber lieber mit all ihrer Energie dem Sammeln der Gegenstände oder anderen kurzfristigen Vergnügen widmen." Mit nachdenklicher Stimme fährt er fort: „Ich stimme dir zu, mein Sohn, Bequemlichkeit, Gleichgültigkeit und Hoffnungslosigkeit tragen sicher zu der Haltung bei.

Ich habe im Laufe der Zeit den Eindruck gewonnen, dass viele Menschen auf der Welt für sich denken, dass sie die Welt nicht zum Besseren verändern können, und deshalb kapitulieren, während andere gleich die ganze Welt retten wollen und dabei vergessen, vor ihrer Haustür zu beginnen.

Jannis stupst seinen Vater an, um zu Wort zu kommen: „Du meinst, sie sind überfordert?" Konradin muss einmal mehr über die Präzisierung seines Sohnes schmunzeln, aber bevor er diese bestätigen kann, formuliert Jannis bereits die nächste These:

Falsche Prioritätensetzung

„Menschen setzen zudem andere Prioritäten als wir Raben. Sie können sich stundenlang mit Nebensächlichkeiten beschäftigen und lassen es zu, dass ihre Erfindungen ihr Leben bestimmen. Viele Menschen sind laufend dabei, ihre materiellen Dinge zu pflegen, und vergessen dabei, sich selbst und ihr Umfeld zu pflegen."

Konradin applaudiert: „Sehr gute Ergänzung! Gegen Nebensächlichkeiten, sogar überwiegendes Nichtstun, hätte ich nicht einmal etwas einzuwenden, da die Menschen dann nichts zerstören können. Sie sollten die verbleibende Zeit aber für ihre eigene Entwicklung und die ihrer Beziehungen, statt zum Problemverdrängen nutzen. Selbst ihre Ruhetage füllen sich manche randvoll mit Terminen, sodass sie nicht über ihre übergeordneten Ziele nachdenken müssen. Gefangen im Wachstumswahn und in der Angst, etwas zu verpassen, verwechseln sie Effizienz, sprich: die Dinge richtig zu machen, mit Effektivität, also Prioritäten setzen und die richtigen Dinge zu machen.

Ich habe dir ja gestern das Idealbild zufriedener Menschen skizziert. In den gewalttätigen oder lethargischen Situationen, die du gerade beschrieben hast, genauso wie im exzessiven Konsumverhalten versuchen Menschen, sich selbst einseitig kurzfristig positive Gefühle zu verschaffen. Sie begreifen nicht, dass immer mehr vom Gleichen nicht glücklich macht.[168] Das rechte Maß scheint hier die Herausforderung zu sein.

Das Bedürfnis nach Anerkennung, das Gefühl, gebraucht zu werden, können sie aber nicht allein erzeugen.

Die vielen ungeduldigen Menschen ziehen meiner Meinung nach zu wenig Befriedigung aus ihrem Leben als Ganzes. Es fehlt ihnen an erstrebenswerten, langfristigen Zielen. Sie haben falsche Erwartungen an ihr Leben und betrachten Zufriedenheit nicht als ein Zustand, der immer wieder neu hergestellt/aktiv erhalten werden muss. Deshalb fokussieren sich diese Menschen einseitig auf kurzfristigen Genuss und sind der Meinung, dass Genuss ohne Anstrengung möglich sei.

Über die Ursachen von solch groteskem Verhalten kann ich nur Vermutungen anstellen: Neben der von dir bereits angesprochenen Bequemlichkeit, Gleichgültigkeit und Hoffnungslosigkeit spielt sicher auch ein untrainierter Sinn, Möglichkeiten statt Hindernisse zu sehen, eine nicht zu unterschätzende Rolle.

Unser Vorstellungsvermögen mag nicht besser sein, aber wir Raben können fliegen und sehen, wie andere Lebewesen mit den Ereignissen umgehen. Und ganz nebenbei sehen wir beim Fliegen auch die Sonne an wolkenverhangenen Tagen. Wahrscheinlich sind wir Raben deshalb fröhlicher und hoffnungsvoller. Wenn das Glück nicht zu uns kommt, fliegen wir ihm entgegen."

Der kleine Rabe strahlt bei den Worten seines Vaters und Konradin fährt fort: „Aber auch bei dieser Einschätzung müssen wir mit Verallgemeinerungen vorsichtig sein. Jedes Lebewesen, also auch der Mensch, hat eine bestimmte Kapazität, Probleme bewältigen zu können. Es gibt, wie wir erkannt haben, Fälle, in denen Menschen ihre Kapazität erschöpft haben und sie deshalb ihre Zuversicht verlieren und sich auf sich fokussieren. Nur sollte dies die Ausnahme, nicht die Regel sein."

Dem kann Jannis zustimmen: „Ja, Papa, und im Idealfall sollten sie lernen, sich gegenseitig häufiger zu helfen, bevor es so weit kommt."

Konradin wartet ab, bis ein vorbeifliegender Hubschrauber sich weit genug entfernt hat, bevor er zu krächzen beginnt: „Was vermutest du sonst noch, warum die Menschen im Durchschnitt unzufriedener sind als wir Raben?"

Jannis muss nicht lange nachdenken: „Ihre Sehnsucht nach Einfachheit vielleicht? Du hast mir doch erklärt, dass einige Menschen das Verlangen haben, dass ihre eigenen Glaubensvorstellungen auch für alle anderen Menschen gelten müssen, also, dass es so etwas wie eine absolute Wahrheit gibt."

„Sehr gut, Jannis. Du hast an die unter Menschen verbreitete Intoleranz gedacht, die Hass schürt und zu einfachen Lösungen verleitet, getreu dem Motto: Schuld sind die Andersdenkenden. Eine solch eindimensionale Sicht wählen die Menschen immer wieder aus Überforderung und Angst, um sich nicht mit Komplexität auseinandersetzen zu müssen. Es ist schon grotesk, wenn die Menschen Pluralität zu beschränken versuchen und gleichzeitig die Unendlichkeit göttlicher Liebe betonen. Sie betrachten sich als Krone der Schöpfung, sind aber nicht in der Lage, andere Meinungen oder innere Unsicherheit auszuhalten.

Und was schließen wir daraus?" Konradin schaut Jannis erwartungsvoll an. Jannis entgegnet: „Spann mich nicht länger auf die Folter! Was ist deine Vermutung, Papa?"

„Ich glaube, die Menschen bleiben unter ihren Möglichkeiten beziehungsweise dem Optimum der Raben zurück, weil es ihnen an Balance mangelt.

Wir Raben können nicht nur eine Links- oder Rechtskurve fliegen, sondern gleichzeitig auch nach oben oder unten. Indem wir uns dreidimensional durch den Raum bewegen, haben wir von Natur aus ein besseres Balancegefühl, können wir leichter unsere Perspektive wechseln. Ich vermute, dass wir dadurch auch geistig flexibler sind und weniger anfällig für eingefahrene Denkmuster.

Die große menschliche Aufgabe lautet in meinen Augen, die Vielschichtigkeit des Lebens ausbalancieren und negative Einstellungen ändern zu lernen.

Manche Individuen, Familien, Gruppen und Völker stellen sich dabei gar nicht so ungeschickt an; bei anderen wird mir beim Zuschauen angst und bange.

Indem sich Menschen von Natur aus nur zweidimensional fortbewegen können, werden sie dazu verleitet, in Gegensätzen zu denken und nur nach eindimensionalen Optimierungen zu suchen."

„Werde bitte wieder konkret, Papa!", stöhnt Jannis. Und Konradin strengt sich an:

„Betrachte das Thema Gesundheit, mein Sohn. Gesundheit ist eigentlich ein Zustand völligen Wohlbefindens, also des Leibes, der Seele und des sozialen Empfindens.[169] Wenn sich die Menschen unwohl fühlen, dann zielen ihre Anstrengungen in der Regel nur auf eine einseitige Heilung des Körperteils ab, das gerade zwickt. Ich behaupte, die Menschen würden deutlich weniger krank werden, wenn sie von Beginn an die Mehrdimensionalität der Gesundheit im Blick hätten.

Diese umfassende Gesundheit hat auch etwas mit unserer Einstellung zu tun. Ereignisse kann ich nicht ändern, aber die Einstellung zu den Ereignissen. Wir Raben wissen und akzeptieren, dass das Leben endlich ist. Entsprechend betrachten wir es als idealen Zustand, als Geschenk, und zerstören es nicht – auch nicht das der anderen Raben – und können in Würde altern.

Weil wir uns der Endlichkeit des Lebens bewusst sind, leben wir stärker im Hier und Jetzt. Das Leben ist für uns eine große Reise, bei der wir nicht wissen, bei welcher Etappe sie für uns enden wird." Jannis beginnt, zu verstehen, wie sich hier der Kreis zum ersten Abend schließt.

Gesund ist man, wenn man seine Bedürfnisse befriedigen kann.

Konradin atmet bewusst einmal langsam ein und aus, denn für ihn gehört auch innere Ruhe und Gelassenheit zur Gesundheit; dann fährt er fort:
„Noch deutlicher wird das reduzierte menschliche Vorstellungsvermögen, wenn du das grundsätzliche Verhalten der Menschen beobachtest: Gefangen in der Nahbereichsfalle, handeln sie häufig, ohne über die Folgen nachzudenken. Fest das eigene Wohlbefinden im Blick, versuchen die Menschen in unserer Region ihren Wohlstand mit unfairen globalen Spielregeln aufrecht zu erhalten und erzeugen menschliche wie nichtmenschliche Verlierer. Uns Raben gelingt es ungleich besser, die Folgen unseres Handelns in Betracht zu ziehen." Jannis wirft zwinkernd ein: „Deshalb führen Raben auch keine Kriege." Konradin möchte ergänzen „Und auch keine Handelskriege!", aber er war noch nicht fertig: „Wir spüren intuitiv, dass wir, wenn wir nur unsere Eigeninteressen optimieren, unter dem Gesamtoptimum bleiben, weil unser Wohlbefinden auch von unseren Mitlebewesen abhängt, und handeln entsprechend ausgewogen. Menschen fehlt häufiger dieses Gespür."
Jannis erinnert sich, was ihm sein Vater am zweiten Abend mit auf den Weg gegeben hat: „Kooperation muss alle Beteiligten besserstellen."

Zu wissenschaftlicher Höchstform auflaufend, resümiert Konradin: „Menschen beachten durch ihre egozentrische Einstellung zu wenig ihre Umwelt. Deshalb bleibt ihnen die Erkenntnis verwehrt, dass die Natur stets um Ausgleich bestrebt ist. Als Folge ignorieren sie das Prinzip *Actio gleich Reactio* in ihren Beziehungen.

Genauso wenig gelingt es den meisten Menschen, das Prinzip der kommunizierenden Röhren auf ihre Gemeinschaft zu übertragen. Und dann sind sie erstaunt, wenn es zu sozialen Spannungen kommt."

„Kommunizierende was?", unterbricht Jannis seinen abhebenden Vater. Dieser bemüht sich sogleich um anschauliche Beispiele: „*Actio gleich Reactio* meint, dass jedes Verhalten oder jede Handlung eine Reaktion nach sich zieht. Wenn du die Eule im Park neben unserem Schlafplatz tagsüber ärgerst, wenn sie schlafen möchte, dann lässt sie dich nachts auch nicht schlafen.

Und das Prinzip der kommunizierenden Röhren erklärt beispielsweise, warum der Wasserstand in den Teichen bei uns im Park überall gleich hoch ist. Die Teiche sind nämlich unterirdisch miteinander verbunden und der Wasserdruck hat das Bestreben, sich auszugleichen. Bildlich gesprochen, wirkt es auf uns so, als ob die Teiche miteinander kommunizieren würden.

Auf die gesamte Umwelt übertragen, bedeuten diese beiden physikalischen Prinzipien, dass jedes Verhalten oder jede Handlung im Kleinen auf das große Ganze Auswirkungen hat.

Die Erde ist ein komplexer Organismus. Jede kleine Schädigung eines Teilsystems trägt dazu bei, das System als Ganzes zu schwächen. Jeder Mensch kann für sich eine kleine Menge Müll in den Teich kippen. Irgendwann werden dadurch so viele Schadstoffe im Teich sein, dass alle Lebewesen im Teich sterben.

So wundern sich die Menschen, dass Insektenstiche auf einmal so viel mehr Schmerzen bereiten als noch vor einigen Jahren. Dabei hören die Menschen nicht auf, Unmengen giftiger Stoffe auf die Pflanzen zu sprühen – angeblich, damit sie mehr von den Pflanzen ernten können und weniger an mitessende Tiere verlieren. Sie vergessen dabei, dass dann selbstverständlich auch die Insekten durch ihren Kontakt mit den Pflanzen die giftigen Stoffe aufnehmen und sie beim Stich an den Menschen zurückgeben."

Jannis hört seinem Vater gespannt weiter zu: „Dieses Prinzip der kommunizierenden Röhren gilt nicht nur in Bezug auf Ökosysteme wie Gewässer; es gilt auch für die menschliche Gemeinschaft. Das für mich dabei erschreckendste Beispiel ist eine oft fehlende Strafverfolgung bei Gewalttaten:

In vielen Ländern gibt es ausreichend Schulen, ausreichend Nahrung und Gesetze, die Gewalt untersagen. Diese gute Situation nützt aber nichts. Die Schulen bleiben leer und die Menschen hungern, weil sie Angst haben, auf dem Weg zur Schule oder zum Brunnen Opfer von Gewalt zu werden. Insbesondere die Frauen und Kinder haben diese Angst. Denn leider bleiben die Polizei und die Gerichte in vielen Regionen untätig oder begehen selbst Verbrechen. Ohne funktionierende Strafverfolgung können Gesetze nicht ihre wohltuende Wirkung entfalten.[170]

An dem Beispiel kannst du die Verknüpfung der einzelnen Elemente erahnen."

Jannis erinnert sich, was ihm sein Vater am dritten und vierten Abend mit auf den Weg gegeben hat: „Es kommt entscheidend auf die Regeln an."

Konradin fährt fort: „Ihre Zweidimensionalität verleitet die Menschen oft dazu, sich zu vergleichen. Sie suchen gerne die menschlichen Höhen, wollen die besten Väter, Mütter, Sportler oder Unternehmer sein, und landen dann oftmals bei den menschlichen Tiefen, da niemand dauerhaft der Beste ist. Häufig orientieren sie sich in allen Feldern an den jeweils *Erfolgreichen* und wünschen diesen insgeheim Misserfolg, um deren Platz einnehmen zu können. Schneller, größer, weiter ist zu oft ihre Losung auf ihrer Suche nach Anerkennung. In ihrer Gewinner-Verlierer-Gedankenwelt müssen sie anderen etwas wegnehmen, damit es ihnen selbst besser geht." Jannis schnappt nach Luft: „Das ist ein verhängnisvoller Kreislauf!" Und der weise Rabe fährt fort: „Sie wollen nicht ihre individuelle Mitte suchen, da sie diese für durchschnittlich halten. Das ist das Ergebnis, wenn man in einer zweidimensionalen Welt lebt und Durchschnitt mit Mitte verwechselt.[171]

Sie sehen bei allem oft nur zwei Beurteilungsmöglichkeiten – gut oder schlecht. Dabei liegt die Antwort auf die Frage, ob etwas gut oder schlecht ist, nur im Auge des Betrachters.

Sie denken ihre Zweidimensionalität nicht zu Ende, unterhalten sich nicht mit den jeweils *Weltbesten*. Sie wären erstaunt, denn diese werden meist schlagartig todunglücklich, wenn sie an der Spitze angelangt sind. Denn von dort gibt es nur einen Weg zurück: bergab.[172] Außer man erkennt, dass es noch andere Zieldimensionen gibt, die ebenfalls wichtig sind.

Wir Raben sehen aus der Vogelperspektive das Vereinende, nicht das Trennende in den Regionen, Religionen und Lebewesen. Wir sehen, dass es im Leben immer um dieselben Punkte geht. Es geht darum, die eigenen Bedürfnisse zu befriedigen und sich wohlzufühlen. Vor allem sehen wir, dass es gemeinsam besser gelingt.

Den Menschen hingegen gelingt es häufig nicht, ausreichend zwischen dem eigenen und dem Interesse der Mitmenschen auszubalancieren. Stattdessen haben sie permanent Angst, zu kurz zu kommen.

Wir Raben dagegen wissen, dass wir genug haben. Und deshalb vergleichen wir uns auch nicht mit unseren Artgenossen."

Jannis nickt zustimmend. Ihm ist es völlig egal, dass sein Freund Fredy schneller fliegen kann als er, denn dann bleibt ihm beim Fliegen mehr Zeit für Beobachtungen. Aber Konradin lässt ihm keine Zeit, weiter nachzudenken, und fährt fort: „Wir Raben streben nicht nach Reichtum oder Berühmtheit, sondern nach guten Beziehungen. Das stärkt unsere Zuversicht und das Vertrauen in uns und unsere Mitraben."

Jannis erinnert sich, was ihm sein Vater am letzten Abend mit auf den Weg gegeben hat: „Es gibt nicht die eine absolute Strategie, die zum Wohlbefinden führt, aber es gibt Handlungen, die mit hoher Wahrscheinlichkeit unglücklich machen."

Und der weise Rabe fasst noch einmal für seinen Sohn zusammen: „Die einseitig hohe Gewichtung ihres materiellen Wohlstands führt dazu, dass die Menschen das Effizienzkriterium der Wirtschaft allen Lebensbereichen zugrunde legen und sich nicht oder zu wenig auf ihre Nächsten konzentrieren. Von der Umwelt mal ganz zu schweigen. Sie halten es für klug, sich nur auf die eigenen Interessen zu konzentrieren, und glauben, wenn sich jeder um sich selbst kümmert, ist allen geholfen. Sie erinnern, sich nicht an ihre letzte Krankheit, wie schön es war, gesund gepflegt zu werden. Sie versetzen sich nicht in die Haut von Außenseitern und machen sich häufig auch noch lustig über sie.

Scheinbar sehen nur wir Raben von hier oben, dass es keine hundertprozentige Sicherheit gibt. Dass auch gesunde und erfolgreiche Menschen zu Außenseitern mit nicht mehr gefragten Fähigkeiten, mit gesundheitlichen Einschränkungen oder körperlichen Auffälligkeiten werden können.

Aus der Übertragung des Wettbewerbsgedanken und ihrer Selbstzentrierung resultiert eine im Vergleich zu uns Raben häufig nicht stimmige Vorstellung von der Bedürfnisbefriedigung nach Zugehörigkeit und Liebe, genauso wie Selbstwert. Die Menschen meinen, perfekt sein zu müssen, um geliebt zu werden, und blenden dabei aus, dass die Menschen perfekte Menschen beneiden. Ihr angeschlagenes Selbstwertgefühl versuchen sie mit materiellen Gegenständen zu pushen, die Identitätsbestandteil ihrer Persönlichkeit werden.[173]

Wir Raben wissen, dass wir gut genug sind! Jedes Lebewesen ist besonders, auch ohne perfekt zu sein. Gegenseitige Anerkennung und Respekt sind auch so oder gerade deshalb möglich.

Da wir ebenfalls in einer Gemeinschaft leben, konzentrieren wir Raben uns auf das Wesentliche: gute Beziehungen. Wir sind zu unseren Mitraben freundlich, auch ohne direkten Gegennutzen. Wir wissen, dass sich das irgendwie irgendwann ausbalancieren wird, und genießen das Gefühl, entsprechend unseren Werten zu leben.

Meiner Erfahrung nach haben alle Lebewesen, also auch die Menschen, die gleiche Daueraufgabe bekommen: Lernen und genießen. Verhältnismäßig vielen Menschen gelingt es nicht, hier das richtige Verhältnis zu finden. Viele Menschen wirken wegen ihres ständigen Optimierungswahns dauergestresst, da sie fälschlicherweise Perfektionismus und Dauerengagement für den richtigen Weg zum Wohlbefinden halten. Andere Menschen werden vor lauter Genussmaximierung lethargisch und freudlos.
Unser Balancegefühl ermöglicht uns, die Zeit zum Lernen und die Zeit für Genuss besser austarieren zu können. Wir finden eine optimale Spannung zwischen Über- und Unterforderung, uns zu entwickeln, zu beobachten, zu lernen, auch von anderen Lebewesen.[174]

Wir können auch immer wieder Ruhe und Abstand über den Wolken finden und uns frei – die Menschen würden sagen autonom – und gleichzeitig verbunden fühlen, ohne dass sich dies wie ein Widerspruch anfühlt, sondern gut und richtig. Weil unser Selbstwertgefühl robust ist, neigen wir nicht dazu unsere Mitraben herabzusetzen oder vorzuverurteilen.[175] Auch hierbei tun sich die meisten Menschen viel schwerer als wir Raben.

Im Bewusstsein, dass es Höhen und Tiefen gib, können uns äußere Umstände und Ereignisse wenig anhaben. Von der Angst befreit, immerzu *Außergewöhnliches* leisten zu müssen, geben wir einfach nur unser *Bestmögliches*. Wir vertrauen darauf, damit gemeinsam mit unseren Mitraben die Zukunft positiv gestalten zu können.

Den Menschen fällt es schwer ihre Ansprüche auf ein gesundes Maß zu reduzieren und Ungewissheiten auszuhalten. Sie wünschen sich ihre kindliche Unbeschwertheit zurück. Sie machen sich Sorgen, die Welt – und damit ihr Leben – könnte schlechter werden, und haben das Gefühl, dies nicht verhindern zu können. Sie sind mitunter gefangen in dieser Vorstellung des möglichen Verlusts, die ihrem Autonomieanspruch gänzlich entgegengesetzt ist.
Witzigerweise kommen oft gerade die Menschen aus der Vorstellung heraus, deren Situation gar nicht mehr schlechter werden kann.
Und wenn diese Menschen die Kraft aufbringen können, kann dies auch jeder andere Mensch."

„Da können die Menschen ja einiges von uns lernen, Papa.", krächzt Jannis. „Gewiss, mein Sohn. Sich dessen bewusst zu sein, ist ein Anfang."

Unter dem Hochhaus fährt gerade ein LKW mit dem Werbeslogan „Ich bringe Zukunft" entlang. Konradin schmunzelt: „Geht doch in die richtige Richtung!

Nun bin aber ich dran mit dem Fragenstellen: Gibt es etwas, das wir von den Menschen lernen können, Jannis?"
Jannis grübelt lange, bevor er antwortet: „Nach allem, was du mich gelehrt hast und was ich beobachten konnte, ist nichts wirklich Außergewöhnliches dabei, von dem ich sagen könnte, das schaue ich mir von ihnen ab. Ich habe aber bei der Betrachtung des Menschen entdeckt, was meine eigenen Stärken sind.
Und ich bin jung. Ich werde ganz sicher meine Fähigkeiten weiterentwickeln und auch die Menschen weiter beobachten, denn es gibt kaum ein interessanteres Lebewesen.
Am liebsten beobachte ich mittlerweile Menschen, die dabei sind, sich ebenfalls weiterzuentwickeln. Ich finde es schön, Momente mitzuerleben, in denen sie ihre jeweiligen Fähigkeiten nutzen, sei es beim Sport, beim Musizieren oder bei ihrer jeweiligen Arbeit. Momente, in denen sie sich gegenseitig helfen und in denen sie mit an einer besseren Welt bauen.
Ich freue mich für die Menschen, wenn ich viele dieser Augenblicke beobachten darf, in denen sie sich besonders wohlfühlen."

Konradin gibt das Zeichen zum Aufbruch. Die beiden Raben schwingen sich mit ruhigen Flügelschlägen durch die laue Sommerabendluft Richtung Park und landen sanft

in ihrem Schlafbaum. „Schlaf gut, Papa", krächzt Jannis.
„Schlaf gut, Jannis", antwortet Konradin und drückt ihn
noch mal fest an sich.

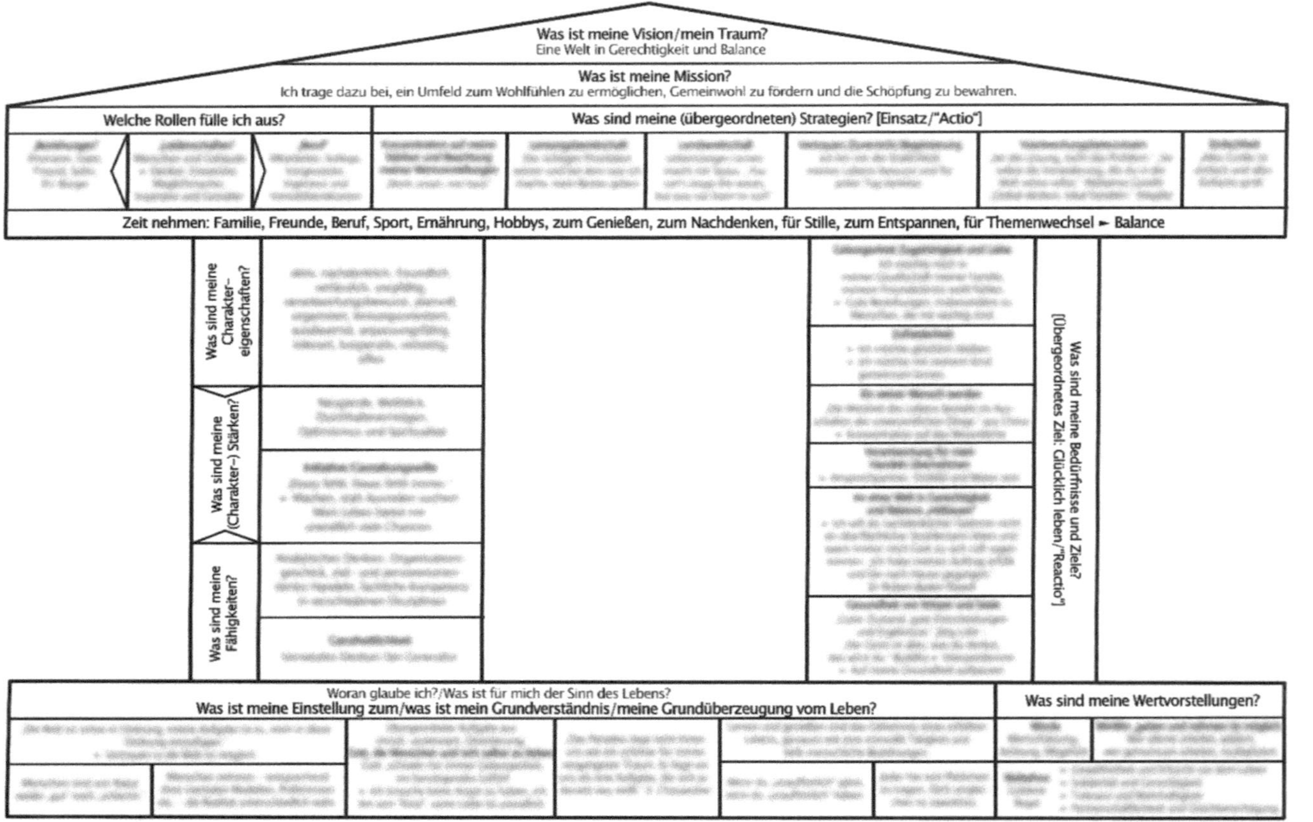

Was ist meine Vision/mein Traum?
Eine Welt in Gerechtigkeit und Balance
Was ist meine Mission?
Ich trage dazu bei, ein Umfeld zum Wohlfühlen zu ermöglichen, Gemeinwohl zu fördern und die Schöpfung zu bewahren.
Welche Rollen fülle ich aus?
Was sind meine (übergeordneten) Strategien? [Einsatz/"Actio"]
Zeit nehmen: Familie, Freunde, Beruf, Sport, Ernährung, Hobbys, zum Genießen, zum Nachdenken, für Stille, zum Entspannen, für Themenwechsel → Balance
Was sind meine Charakter-eigenschaften?
Was sind meine (Charakter-) Stärken?
Was sind meine Fähigkeiten?
Was sind meine Bedürfnisse und Ziele?
[Übergeordnetes Ziel: Glücklich leben/"Reactio"]
Woran glaube ich?/Was ist für mich der Sinn des Lebens?
Was ist meine Einstellung zum/was ist mein Grundverständnis/meine Grundüberzeugung vom Leben?
Was sind meine Wertvorstellungen?

Quellenverzeichnis

Einleitung

[1] Anmerkung: Raben sind in der Regel Standvögel, die auch im Winter in ihrem Revier bleiben. In dieser Fabel reisen Konradin und Jannis dennoch.

Kapitel 1

[2] Vgl. Myers, D. G. (2005). Psychologie. Heidelberg, Springer Medizin: S. 499

[3] Vgl. Myers, D. G. (2005). Psychologie. Heidelberg, Springer Medizin: S. 499

[4] Vgl. Myers, D. G. (2005). Psychologie. Heidelberg, Springer Medizin: S. 499

[5] Vgl. Myers, D. G. (2014). Psychologie. Heidelberg, Springer Medizin: S. 441

[6] Vgl. Myers, D. G. (2014). Psychologie. Heidelberg, Springer Medizin: S. 441

[7] Vgl. Myers, D. G. (2014). Psychologie. Heidelberg, Springer Medizin: S. 441

[8] Vgl. Myers, D. G. (2005). Psychologie. Heidelberg, Springer Medizin: S. 499; Myers, D. G. (2014). Psychologie. Heidelberg, Springer Medizin: S. 441 und Rosenstiel von, L. (2003). Führung von Mitarbeitern. Stuttgart, Schäffer-Poeschel: S. 202

[9] Vgl. Schönbrodt, F. (2010). Was motiviert Dich?, Seminarunterlagen der Ludwig-Maximilians-Universität München. Download am 25.12.2011: S. 7

[10] Vgl. Schönbrodt, F. (2010). Was motiviert Dich?, Seminarunterlagen der Ludwig-Maximilians-Universität München. Download am 25.12.2011: S. 6

[11] Vgl. Myers, D. G. (2014). Psychologie. Heidelberg, Springer Medizin: S. 441

[12] Vgl. Myers, D. G. (2005). Psychologie. Heidelberg, Springer Medizin: S. 499

[13] Vgl. Kahnemann, D. (2012). Schnelles Denken, Langsames Denken. München, Siedler: S. 342ff. „Die Neue Erwartungstheorie"

[14] Vgl. Rosenstiel von, L. (2003). Arbeitszufriedenheit, in Rosenstil von, Regnet et. al., Führung von Mitarbeitern. Stuttgart, Schäffer-Poeschel: S.202

[15] Vgl. Schönbrodt, F. (2010). Was motiviert Dich?, Seminarunterlagen der Ludwig-Maximilians-Universität München. Download am 25.12.2011: S. 19

[16] Vgl. Myers, 2005, Psychologie, Heidelberg, Springer Medizin, S. 416

[17] Vgl. Schönbrodt, F. (2010). Was motiviert Dich?, Seminarunterlagen der Ludwig-Maximilians-Universität München. Download am 25.12.2011: S. 19f.

[18] Vgl. Schönbrodt, F. (2010). Was motiviert Dich?, Seminarunterlagen der Ludwig-Maximilians-Universität München. Download am 25.12.2011: S. 20

[19] Vgl. Gerstenmaier, J. Personalmanagement, Vorlesungsunterlagen Modul 3. Ludwig-Maximilians-Universität München. WS 2009-2010

[20] Vgl. Myers, D. G. (2005). Psychologie. Heidelberg, Springer Medizin: S. 104

[21] Vgl. Myers, D. G. (2005). Psychologie. Heidelberg, Springer Medizin: S. 104

[22] Vgl. Rosenstiel von, L. (2003). Entwicklung und Training von Führungskräften, in Rosenstil von, Regnet et. al., Führung von Mitarbeitern. Stuttgart, Schäffer-Poeschel: S. 79

[23] Rosenstiel von, L. (2003). Entwicklung und Training von Führungskräften, in Rosenstiel von, Regnet et. al., Führung von Mitarbeitern. Stuttgart, Schäffer-Poeschel: S. 79 [nachgezeichnet]

[24] Vgl. Schönbrodt, F. (2010). Was motiviert Dich?, Seminarunterlagen der Ludwig-Maximilians-Universität München. Download am 25.12.2011: S. 11

[25] Vgl. Schönbrodt, F. (2010). Was motiviert Dich?, Seminarunterlagen der Ludwig-Maximilians-Universität München. Download am 25.12.2011: S. 10

[26] Vgl. Myers, 2005, Psychologie, Heidelberg, Springer Medizin, S. 615

[27] Vgl. Schönbrodt, F. (2010). Was motiviert Dich?, Seminarunterlagen der Ludwig-Maximilians-Universität München. Download am 25.12.2011: S. 9

[28] Vgl. Lange, D. (2012). Sieger erkennt man am Start – Verlierer auch. Berlin, Econ, 3. Auflage: S. 27

[29] Vgl. Myers, D. G. (2005). Psychologie. Heidelberg, Springer Medizin: S. 210 und S. 246

[30] Vgl. Myers, D. G. (2005). Psychologie. Heidelberg, Springer Medizin: S. 281; vgl. Lange, D. (2012). Sieger erkennt man am Start – Verlierer auch. Berlin, Econ, 3. Auflage: S. 22ff, S. 55 und S. 62; vgl. Picot, A. Freudenberg H., et al. (1999). Management von Reorganisationen – Maßschneidern als Konzept für den Wandel. Wiesbaden, Gabler: S. 22 [bezogen auf den Menschen]

[31] Vgl. Nida-Rümelin, J. (2011). Verantwortung. Stuttgart, Reclam: S. 8

[32] Vgl. Picot, A. Freudenberg H.,et al. (1999), Wiesbaden, Gabler: S. 22

[33] Vgl. Nida-Rümelin, J. (2011). Verantwortung. Stuttgart, Reclam: S. 8

[34] Vgl. Nida-Rümelin, J. (2011). Verantwortung. Stuttgart, Reclam: S. 8

[35] Vgl. Nida-Rümelin, J. (2011). Verantwortung. Stuttgart, Reclam: S. 32

[36] Vgl. Nida-Rümelin, J. (2011). Verantwortung. Stuttgart, Reclam: S. 23 f. und Schönherr-Mann, H.-M. (2010). Die Macht der Verantwortung. Freiburg i.B., Karl Alber: S. 33

[37] Vgl. Schönbrodt, F. (2010). Was motiviert Dich?, Seminarunterlagen der Ludwig-Maximilians-Universität München. Download am 25.12.2011: S. 19

38 Vgl. Myers, D. G. (2005). Psychologie. Heidelberg, Springer Medizin: S. 104 [in Bezug auf Menschen]

39 Vgl. Tomasello, M. „Das haben wir alles gelernt", Interview mit Thadden von, E., erschienen in DIE ZEIT am 25.09.2014: S. 39

40 Vgl. Neubauer, W. (2003). Organisationskultur. Stuttgart, W. Kohlhammer: S. 7

41 Vgl. Vahs, D. (2009). Organisation – ein Lehr- und Managementbuch. Stuttgart, Schäffer-Poeschel: S. 11 f.

42 Vgl. Rüegg-Stürm, J. (2004). Das neue St. Galler Management-Modell, in Rolf Dubs (Hrsg.), Einführung in die Managementlehre. Bern, Haupt: S. 69

43 Vgl. Homann, K., Lütge, C. (2005). Einführung in die Wirtschaftsethik. Münster, LIT: S. 33

44 Vgl. Sennet, R. (2012). Zusammenarbeit. Hanser, Berlin: S. 17

45 Vgl. Homann, K., Lütge, C. (2005). Einführung in die Wirtschaftsethik. Münster, LIT: S. 33

46 Vgl. Picot, A., Dietl, H., et al. (2008). Organisation – Eine ökonomische Perspektive. Stuttgart; Schäffer-Poeschel: S. 12

47 Vgl. Mayer, V. Ethischer Vertiefungskurs, Vorlesungsskript. Ludwig-Maximilians-Universität München. WS 2009-2010

48 Vgl. Wikipedia-Abfrage zum Suchbegriff „Liebe" (abgerufen am 23.12.2013)

49 Truckenbrodt, R. „Gelebte Werte – Zukunft für Unternehmen, Identität stiften und Zusammenhalt fördern". zfo Ausgabe 05/2009 (78. Jg.): S. 234

50 Vgl. Homann, K., Lütge, C. (2005). Einführung in die Wirtschaftsethik. Münster, LIT: S. 56f und Picot, A., Dietl, H., et al. (2008). Organisation – Eine ökonomische Perspektive. Stuttgart; Schäffer-Poeschel: S. 10

51 Vgl. Küpper, U. (2006). Unternehmensethik – Hintergründe, Konzepte, Anwendungsberichte. Stuttgart, Schäffer Poeschel: S. 17

52 Wikipedia-Abfrage zum Suchbegriff „Freiheit" (abgerufen am 30.12.2013)

53 Vgl. Wikipedia-Abfrage zum Suchbegriff „Gerechtigkeit" (abgerufen am 23.12.2013), Quellenangabe dort: „Lumer, C. Enzyklopädie Philosophie, Meiner Hamburg 2005 (464b)"

54 Vgl. Schwaabe, C. (2007). Politische Theorie 2. Kapitel „John Rawls und die Kommunitarismusdebatte". Paderborn, UTB-Reihe, erschienen im Wilhelm Fink Verlag: S. 151 f.

55 Vgl. Höffe, O. „Wessen Menschenwürde?", erschienen in DIE ZEIT Nr. 6 2001

56 Vgl. Wetz, F. J. „Die Würde des Menschen: antastbar?" Heft der niedersächsischen Landeszentrale für politische Bildung: S. 15 f

57 Vgl. Wikipedia-Abfrage zum Suchbegriff „Solidarität" (abgerufen am 30.12.2013)

58 Vgl. Schwegler, U. Vortrag „Vertrauen als Ressource für Risiko-Management", gehalten an der Evangelischen Akademie Bad Boll am 21.07.2012

59 Vgl. Picot, A., Dietl, H., et al. (2008). Organisation – Eine ökonomische Perspektive. Stuttgart; Schäffer-Poeschel: S. 13

60 Vgl. Picot, A., Dietl, H., et al. (2008). Organisation – Eine ökonomische Perspektive. Stuttgart; Schäffer-Poeschel: S. 13

61 Vgl. Picot, A., Dietl, H., et al. (2008). Organisation – Eine ökonomische Perspektive. Stuttgart; Schäffer-Poeschel: S. 15

62 Vgl. Picot, A., Dietl, H., et al. (2008). Organisation – Eine ökonomische Perspektive. Stuttgart; Schäffer-Poeschel: S. 13 [in Bezug auf Gesetze]

63 Vgl. Picot, A., Dietl, H., et al. (2008). Organisation – Eine ökonomische Perspektive. Stuttgart; Schäffer-Poeschel: S. 10

64 Vgl. Picot, A., Dietl, H., et al. (2008). Organisation – Eine ökonomische Perspektive. Stuttgart; Schäffer-Poeschel: S. 13 [in Bezug auf Gesetze]

65 Vgl. Myers, D.G. (2005). Psychologie. Heidelberg, Springer Medizin: S. 132

66 Vgl. Myers, D.G. (2005). Psychologie. Heidelberg, Springer Medizin: S. 623 ff.

67 Vgl. Myers, D.G. (2005). Psychologie. Heidelberg, Springer Medizin: S. 633

68 Vgl. Gerstenmaier, J. Personalmanagement, Vorlesungsunterlagen Modul 2. Ludwig-Maximilians-Universität München. WS 2009-2010

69 Vgl. Gerstenmaier, J. Personalmanagement, Vorlesungsunterlagen Modul 2. Ludwig-Maximilians-Universität München. WS 2009-2010

70 Vgl. diverse u. a. Sackmann, S. A. (2008). Success Factor: Corporate Culture – Development a Corporate Culture for High Performance and Long-term Competivness. Gütersloh, Verlag Bertelsmann Stiftung: S. 27; Vahs, D. (2009). Organisation – ein Lehr- und Managementbuch. Stuttgart, Schäffer-Poeschel: S. 110 und Rüegg-Stürm, J. (2004). Das neue St. Galler Management-Modell, in Rolf Dubs (Hrsg.), Einführung in die Managementlehre. Bern, Haupt: S. 104

Kapitel 3

71 Vgl. Picot, A., Dietl, H., et al. (2008). Organisation – Eine ökonomische Perspektive. Stuttgart; Schäffer-Poeschel: S. 1

72 Vgl. Nassehi, A. Wirtschaftsethik. Vorlesungsmitschrift. Ludwig-Maximilians-Universität München. WS 2010-2011

73 Vgl. Pindyck, R.S., Rubinfeld, D. L. (2009). Mikroökonomie. München, Pearson: S. 388 f.

74 Vgl. Homann, K., Lütge, C. (2005). Einführung in die Wirtschaftsethik. Münster, LIT: S. 25

75 Vgl. Rifkin, J. (2014). Die Null Grenzkosten Gesellschaft. Frankfurt, New York, Campus: S. 12ff.

76 Rüegg-Stürm, J. (2004). Das neue St. Galler Management-Modell, in Rolf Dubs (Hrsg.), Einführung in die Managementlehre. Bern, Haupt: S. 70

77 Vgl. Homann, K. (2007). Ethik in der Marktwirtschaft. München, Roman Herzog Institut: S. 31

78 Vgl. N. N. (2007). Grundlagen der Wirtschaft, Sonderausgabe für die Steinbeis-Hochschule Berlin: S. 12

79 Vgl. Eichhorn, W., Solte, D. (2010). Das Kartenhaus Weltfinanzsystem. Frankfurt a. M., Fischer Taschenbuch: S. 26

80 Vgl. Homann, K., Lütge, C. (2005). Einführung in die Wirtschaftsethik. Münster, LIT: S. 29

81 Vgl. Homann, K. (2007). Ethik in der Marktwirtschaft. München, Roman Herzog Institut: S. 7

82 Vgl. Homann, K. (2007). Ethik in der Marktwirtschaft. München, Roman Herzog Institut: S. 14

83 Vgl. Rifkin, J. (2014). Die Null Grenzkosten Gesellschaft. Frankfurt, Campus: S. 412

84 Vgl. Homann, K., Lütge, C. (2005). Einführung in die Wirtschaftsethik. Münster, LIT: S. 29

85 Vgl. Homann, K., Lütge, C. (2005). Einführung in die Wirtschaftsethik. Münster, LIT: S. 29

86 Vgl. Nida-Rümelin, J.; Vortrag i. R. der Zeugnisverleihung PPW in München Februar 2013

87 Vgl. Rifkin, J. (2014). Die Null Grenzkosten Gesellschaft. Frankfurt, New York, Campus: S. 108

88 Vgl. Nida-Rümelin, J.; Vortrag i. R. der Zeugnisverleihung PPW in München Februar 2013

89 Vgl. Homann, K., Lütge, C. (2005). Einführung in die Wirtschaftsethik. Münster, LIT: S. 25

90 Vgl. Nida-Rümelin, J.; Vortrag i. R. der Zeugnisverleihung PPW in München Februar 2013

91 Vgl. Homann, K., Lütge, C. (2005). Einführung in die Wirtschaftsethik. Münster, LIT: S. 90 f.

92 Vgl. Homann, K., Lütge, C. (2005). Einführung in die Wirtschaftsethik. Münster, LIT: S. 64 [dort findet sich der Hinweis, dass die Idee, die Soziale Marktwirtschaft als Versicherung aufzufassen, von Hans-Werner Sinn ist]

93 Vgl. Pindyck, R.S., Rubinfeld, D. L. (2009). Mikroökonomie. München, Pearson: S. 836

94 Vgl. Siebert, H., Lorz, O. (2007). Einführung in die Volkswirtschaftslehre. Stuttgart, Verlag W. Kohlhammer: S. 355

95 Vgl. Rifkin, J. (2014). Die Null Grenzkosten Gesellschaft. Frankfurt, Campus: S. 108

96 Vgl. Siebert, H. Lorz, O. (2007). Einführung in die Volkswirtschaftslehre. Stuttgart, Verlag W. Kohlhammer: S. 355

97 Vgl. Gersemann, O., „Das letzte Hurra", erschienen in der Welt am Sonntag am 21.09.2014, S. 17

98 Vgl. Eichhorn, W., Solte, D. (2010). Das Kartenhaus Weltfinanzsystem. Frankfurt a. M., Fischer Taschenbuch: S. 133

99 Vgl. Eichhorn, W., Solte, D. (2010). Das Kartenhaus Weltfinanzsystem. Frankfurt a. M., Fischer Taschenbuch: S. 133 und vgl. Händler, E. W. erschienen in DIE ZEIT Nr. 16 vom 12.04.2012, S. 54

100 Vgl. Eichhorn, W., Solte, D. (2010). Das Kartenhaus Weltfinanzsystem. Frankfurt a. M., Fischer Taschenbuch: S. 17

101 Vgl. Brafman, O. und R. (2009). SWAY – The Irresistible Pull of Irrational Behaviour. London, Virgin Books

102 Vgl. Rifkin, J. (2014). Die Null Grenzkosten Gesellschaft. Frankfurt, Campus: S. 412

103 Vgl. Homann, K. (2007). Ethik in der Marktwirtschaft. München, Roman Herzog Institut: S. 31

Kapitel 4

104 Vgl. Schein, E. H. (2010). Organisationskultur. Bergisch Gladbach, EHP – Edition Humanistische Psychologie: S. 29 und Kutschker, M., Schmid, S. (2006). Internationales Management. München und Oldenburg, Wissenschaftsverlag: S. 668

105 Vgl. Schein, E. H. (2010). Organisationskultur. Bergisch Gladbach, EHP – Edition Humanistische Psychologie: S. 29

106 Adolf, C. (2010). Vernetzte Entgrenzung - Europaabgeordnete zwischen regionalen Interessen, transnationalen Parteistrukturen und europapolitischen Prozessen. Berlin, Bochum, Dülmen, London und Paris, Europäischer Universitätsverlag: S. 143

107 Vgl. Assheuer, T. „Akademische Affenliebe – Menschen und Menschenaffen sind einander fremder, als man denkt: Eine Leipziger Diskussion zwischen dem Philosophen Jürgen Habermas und dem Kulturanthropologen Michael Tomasello", erschienen in DIE ZEIT am 18.06.2014: S. 46

108 Vgl. Van Schaik, C., Michel, K. „Der Sündenfall", erschienen in DIE ZEIT am 15.09.16: S. 37

[109] Vgl. Van Schaik, C., Michel, K. „Der Sündenfall", erschienen in DIE ZEIT am 15.09.16: S. 37

[110] Vgl. Van Schaik, C., Michel, K. „Der Sündenfall", erschienen in DIE ZEIT am 15.09.16: S. 37

[111] Vgl. Van Schaik, C., Michel, K. „Der Sündenfall", erschienen in DIE ZEIT am 15.09.16: S. 37

[112] In dem Abschnitt beziehe ich mich auf einen Artikel über Gewalt, erschienen in DIE ZEIT den ich leider verlegt habe, ich kann nicht einmal das Erscheinungsjahr angeben, vermutlich 2015.

[113] Vgl. Nida-Rümelin, J. Grundzüge der politischen Theorie. Vorlesungsmitschrift. Ludwig-Maximilians-Universität München. WS 2009-2010

[114] Vgl. Nida-Rümelin, J. Grundzüge der politischen Theorie. Vorlesungsmitschrift. Ludwig-Maximilians-Universität München. WS 2009-2010

[115] Vgl. Wikipedia-Abfrage zum Suchbegriff „Demokratie" (abgerufen am 01.05.12)

[116] Vgl. Nida-Rümelin, J. (2011). Verantwortung. Stuttgart, Reclam: S. 14

[117] Vgl. http://www.bpb.de/wissen/J2M5KP (abgerufen am 31.05.2014)

[118] Vgl. http://www.amnesty.de/alle-30-artikel-der-allgemeinen-erklaerung-der-menschenrechte (abgerufen am 22.07.2017)

[119] Vgl. Nassehi, A. Wirtschaftsethik. Vorlesungsmitschrift. Ludwig-Maximilians-Universität München. WS 2010-2011

[120] Vgl. Ostrom, E. (2011). Was mehr wird, wenn wir teilen: Vom gesellschaftlichen Wert der Gemeingüter. München, Oekom: S. 9

[121] Vgl. Wikipedia-Abfrage zum Suchbegriff „Liberalismus" (abgerufen am 31.05.14) und Lexikonredaktion des Verlags F.A. Brockhaus [Herausgeber] (2009) Der Brockhaus Philosophie. Mannheim und Leipzig, F.A. Brockhaus: S. 236

[122] Vgl. www.bpb.de/nachschlagen/lexika (abgerufen am 31.05.2014)

[123] Vgl. www.bpb.de/nachschlagen/lexika (abgerufen am 31.05.2014)

[124] Vgl. Ostrom, E. (2011). Was mehr wird, wenn wir teilen: Vom gesellschaftlichen Wert der Gemeingüter. München, Oekom: S. 85 f.

[125] Vgl. Ostrom, E. (2011). Was mehr wird, wenn wir teilen: Vom gesellschaftlichen Wert der Gemeingüter. München, Oekom: S. 37 ff.

[126] Vgl. Tagungsthema an der Ev. Akademie Bad Boll 11.–12.07.2014

[127] Vgl. Hauff von, M. Wer bestimmt die Regeln in den internationalen Wirtschaftsbeziehungen? Vortrag an der Evangelischen Akademie Bad Boll am 12.07.2014

[128] Vgl. Homann, K., Lütge, C. (2005). Einführung in die Wirtschaftsethik. Münster, LIT: S. 89f.

[129] Vgl. Lin-Hi, N. Die Bedeutung von Global Governance im Kontext von CSR, Vortrag an der Evangelischen Akademie Bad Boll am 12.07.2014

[130] Vgl. Böhm, A., Randow von, G. „Kann man Kriege verhindern", erschienen in DIE ZEIT vom 24.07.2014: S. 6

[131] Vgl. Staden von, S. (2010). 30 Minuten für den souveränen Umgang mit Veränderungen. Offenbach, Gabal: S. 13

[132] Vgl. Homann, K. (2007). Ethik in der Marktwirtschaft. München, Roman Herzog Institut: S. 55

[133] Vgl. Nassehi, A. Wirtschaftsethik. Vorlesungsmitschrift. Ludwig-Maximilians-Universität München. WS 2010-2011

Kapitel 5

[134] Vgl. Rifkin, J. (2014). Die Null Grenzkosten Gesellschaft. Frankfurt, New York, Campus: S. 401

[135] Manche Menschen leiden in der dunklen Jahreszeit an einer Verstimmung, die sich „seasonal affective disorder" nennt.

[136] Vgl. Lange, D. (2012). Sieger erkennt man am Start – Verlierer auch. Berlin, Econ, 3. Auflage: S. 27 f.

[137] Vgl. Schönbrodt, F. (2010). Was motiviert Dich?, Seminarunterlagen der Ludwig-Maximilians-Universität München. Download am 25.12.2011: S. 9

[138] Vgl. Seligmann, M. (2015). Wie wir Aufblühen – die fünf Säulen des persönlichen Wohlbefindens. München, Goldmann: S. 33

[139] Vgl. Rosenberg, J. F. (2009). Philosophieren – Ein Handbuch für Anfänger. Frankfurt, Klostermann, 6. Auflage: S. 10

[140] Vgl. http://www.global-ethic-now.de/gen-deu/ob_weltethos-und-religionen/ob-01-03-islam/ob-01-0322-kaaba.php (abgerufen am 15.03.2015)

[140] Vgl. Küpper, H.-U. (2006). Unternehmensethik. Stuttgart; Schäffer-Poeschel: S. 7

[141] Vgl. Füßler, C., Coenenberg, N. Stammbaum des Glaubens, Grafik zum Thema Religion, erschienen in der ZEIT vom 19.12.2012

[142] Vgl. http://www.global-ethic-now.de/gen-deu/ob_weltethos-und-religionen/ob-02-01-hinduismus/ob-02-0121-lebensziele.php (abgerufen am 15.03.2015)

[143] Vgl. Rosenberg, J. F. (2009). Philosophieren – Ein Handbuch für Anfänger. Frankfurt, Klostermann, 6. Auflage: S. 17

[144] Vgl. https://www.authentichappiness.sas.upenn.edu/learn/wellbeing (abgerufen am 31.12.2015)

[145] Vgl. Myers, D. G. (2014). Psychologie. Heidelberg, Springer Medizin: S. 441

[146] Vgl. Lange, D. (2012). Sieger erkennt man am Start – Verlierer auch. Berlin, Econ, 3. Auflage: S. 127

[147] Vgl. Küpper, H.-U. (2006). Unternehmensethik. Stuttgart; Schäffer-Poeschel: S. 7

[148] Vgl. http://www.global-ethic-now.de/gen-deu/ob_weltethos-und-religionen/ob-02-01-hinduismus/ob-02-0122-yoga.php (abgerufen am 15.03.2015)

[149] Vgl. Mayer, V. Ethischer Vertiefungskurs, Vorlesungsskript. Ludwig-Maximilians-Universität München. WS 2009-2010

[150] Vgl. Lexikonredaktion des Verlags F.A. Brockhaus [Herausgeber] (2009) Der Brockhaus Philosophie. Mannheim und Leipzig, F.A. Brockhaus: S. 285

[151] Kant, I. (Ausgabe 2008). Grundlegung zur Methaphysik der Sitten. Herausgegeben von Theodor Valentiner. Stuttgart, Reclam: S. 53

[152] Vgl. Mayer, V. Ethischer Vertiefungskurs, Vorlesungsskript. Ludwig-Maximilians-Universität München. WS 2009-2010

[153] Vgl. Wikipedia-Abfrage zum Suchbegriff „Methaethik" (abgerufen am 28.03.2015)

[154] Vgl. Homann, K., Lütge, C. (2005). Einführung in die Wirtschaftsethik. Münster, LIT: S. 12

[155] Vgl. Homann, K., Lütge, C. (2005). Einführung in die Wirtschaftsethik. Münster, LIT: S.12 f.

[156] Vgl. Küpper, H.-U. (2006). Unternehmensethik. Stuttgart; Schäffer-Poeschel: S. 7 ff.

[157] Vgl. Mayer, V. Ethischer Vertiefungskurs, Vorlesungsskript. Ludwig-Maximilians-Universität München. WS 2009-2010

[158] Vgl. Seligmann, M. (2015). Wie wir Aufblühen – die fünf Säulen des persönlichen Wohlbefindens. München, Goldmann: S. 32 ff.

[159] Vgl. Löhr, J. (2001). Raus aus der Komfortzone! Erfolg durch Veränderung, in: Von den Besten profitieren. Offenbach, Gabal, 4. Auflage: S. 165

[160] Vgl. Seligmann, M. (2015). Wie wir Aufblühen – die fünf Säulen des persönlichen Wohlbefindens. München, Goldmann: S. 28

[161] Vgl. Seligmann, M. (2015). Wie wir Aufblühen – die fünf Säulen des persönlichen Wohlbefindens. München, Goldmann: S. 27 f.

[162] Die Idee zu dem Haus entstand, nachdem ich 2004 das „Haus der Immobilienökonomie" von Prof. Dr. Karl-Werner Schulte in seiner Vorlesung an der ebs Immobilienakademie in Essen kennengelernt hatte. Mit diesem Modell untergliedert Schulte die Immobilienökonomie anschaulich nach Themenbereichen.

[163] Vgl. Lange, D. (2012). Sieger erkennt man am Start – Verlierer auch. Berlin, Econ, 3. Auflage: S. 39

[164] Vgl. Lange, D. (2012). Sieger erkennt man am Start – Verlierer auch. Berlin, Econ, 3. Auflage: S. 63

[165] Vgl. Lange, D. (2012). Sieger erkennt man am Start – Verlierer auch. Berlin, Econ, 3. Auflage: S. 31

[166] Vgl. Myers, D. G. (2005). Psychologie. Heidelberg, Springer Medizin: S. 579

Kapitel 6

[167] Vgl. Löhr, J. (2001). Raus aus der Komfortzone! Erfolg durch Veränderung, in: Von den Besten profitieren. Offenbach, Gabal, 4. Auflage: S. 165 [Wachstum in Bezug auf Menschen]

[168] Vgl. Rifkin, J. (2014). Die Null Grenzkosten Gesellschaft. Frankfurt, New York, Campus: S. 402

[169] Vgl. Gesundheitsdefinition der Weltgesundheitsorganisation (WHO) in der Satzung der WHO: http://www.euro.who.int/de/about-us/organization/who-worldwide (abgerufen am 26.07.2017)

[170] Vgl. https://www.ted.com/talks/gary_haugen_the_hidden_reason_for_poverty_the_world_needs_to_address_now?language=de (abgerufen im Dezember 2015)

[171] Vgl. Lange, D. (2012). Sieger erkennt man am Start – Verlierer auch. Berlin, Econ, 3. Auflage

[172] Vgl. Lange, D. (2012). Sieger erkennt man am Start – Verlierer auch. Berlin, Econ, 3. Auflage: S. 171 ff.

[173] Vgl. Rifkin, J. (2014). Die Null Grenzkosten Gesellschaft. Frankfurt, New York, Campus: S. 406

[174] Vgl. Myers, D. G. (2014). Psychologie. Heidelberg, Springer Medizin: S. 441

[175] Vgl. Myers, D. G. (2014). Psychologie. Heidelberg, Springer Medizin: S. 588